SOLUCIONES
ESPIRITUALES

MILLENIUM

Soluciones

espirituales

Deepak Chopra

Traducción de Silvia Komet

GRUPO ZETA

Barcelona • Madrid • Bogotá • Buenos Aires • Caracas • México D.F. • Miami • Montevideo • Santiago de Chile

Título original: *Spiritual solutions*
Traducción: Silvia Komet
1.ª edición: octubre 2012

© Deepak Chopra, 2012
© Ediciones B, S. A., 2012
   Consell de Cent, 425-427 - 08009 Barcelona (España)
   www.edicionesb.com

Printed in Spain
ISBN: 978-84-666-5130-1
Depósito legal: B. 8.220-2012

Impreso por LIMPERGRAF, S.L.
Mogoda, 29-31 Polígon Can Salvatella
08210 - Barberà del Vallès (Barcelona)

A las manos que se tienden
y a todas las que responden

Índice

Una nota personal

Desde mis primeros tiempos como médico, hace cuarenta años, la gente me pedía respuestas. Lo que querían era un tratamiento médico, pero las palabras tranquilizadoras y el consuelo del contacto humano resultaban tanto o más valiosos. Un médico, a menos que esté completamente «quemado», se ve a sí mismo como un salvador improvisado que libra a las víctimas del peligro y las conduce a una situación de seguridad y bienestar.

Agradezco los años que pasé viendo pacientes, porque aprendí la diferencia entre consejo y solución. Raramente se puede ayudar a las personas en apuros valiéndose de consejos. Las crisis no esperan y, si no se encuentra la solución adecuada, lo que sucede suele ser muy malo.

Mantuve el mismo criterio al escribir este libro. La idea surgió a partir de que la gente me escribía contándome sus problemas. Me llegaban cartas de todo el mundo, y en un momento dado las respondía desde la India, los Estados Unidos y muchos otros lugares, sobre todo por Internet. Sin embargo, en cierto modo todos me escribían desde el mismo lugar interior donde la confusión y la oscuridad los abrumaba. Eran personas heridas, traicionadas, víctimas de abusos, incomprendidas, enfermas, preocupadas, ansiosas y, a veces, desesperadas. Lamentablemente, estos sentimientos forman parte de la condición humana, casi permanente para algunos, pero también son posibles en personas que están felices y satisfechas... por el momento.

Quería dar respuestas que fueran lo suficientemente duraderas para que, cuando cambiara «el momento», cuando apareciera la crisis y se presentaran desafíos a los cuales enfrentarse, tuvieran soluciones sólidas a mano. Las llamo «soluciones espirituales», lo que no significa que sean religiosas o estén ligadas a la oración o a entregarse a Dios; más bien pienso en una espiritualidad secular. Solo gracias a ella la gente moderna logrará reconectar con su alma o, para eliminar toda jerga religiosa, con su «verdadero yo».

¿Qué efectos personales han tenido las crisis en nosotros? Fuera cual fuere la situación, nos retiramos y encogemos por dentro, sentimos un ataque de ansiedad. Para buscar la solución, este estado de conciencia contraída representa el enemigo. Las auténticas soluciones a las crisi vienen de una conciencia expandida, en la cual los sentimientos internos ya no son la rigidez y el miedo, sino que los límites ceden y las nuevas ideas tienen espacio para crecer. Si logramos ponernos en contacto con el verdadero yo, la conciencia no tiene límites. Desde ese lugar, las soluciones emergen espontáneamente y funcionan. A menudo lo hacen como por arte de magia y los obstáculos que parecían insuperables se desvanecen. Cuando sucede, el peso de la ansiedad y el dolor desaparece por completo. Luchar nunca ha sido el propósito de la vida, sino desarrollarse desde su origen en un fluir de conciencia pura. Si este libro deja aunque sea una sola impresión duradera... habré logrado mi propósito.

DEEPAK CHOPRA

UNO

¿QUÉ ES UNA SOLUCIÓN ESPIRITUAL?

Nadie discute que la vida plantea desafíos, pero tomemos distancia un instante y hagámonos una pregunta profunda: ¿por qué? ¿Por qué la vida es tan difícil? Al margen de las ventajas con las que hayas nacido —dinero, inteligencia, una personalidad atractiva, unas perspectivas brillantes, buenos contactos sociales—, ninguna de ellas constituye la clave mágica para una existencia fácil. La vida se las arregla de alguna manera para plantearnos dificultades que nos exigen esfuerzos enormes y nos causan sufrimiento. La forma en que superamos los problemas marca la diferencia entre la promesa de éxito y el fantasma del fracaso. ¿Hay alguna razón o se trata sencillamente de una serie de acontecimientos azarosos que nos desconciertan y nos impiden afrontar lo que pasa?

La espiritualidad empieza con una respuesta decisiva a esa pregunta. Nos dice que la vida no es una casualidad. Cada existencia tiene un patrón y un propósito. El motivo de que se nos planteen desafíos es simple: hacernos más conscientes de nuestro propósito interno.

Si lo de la respuesta espiritual es verdad, entonces debería existir una solución espiritual a cada problema... ¡Y la hay! La respuesta no está en el problema, a pesar de que la mayoría de la gente centre en ello toda su energía. La solución espiritual está más allá. Cuando uno logra sacar su conciencia del lugar en que la lucha está siempre presente, ocurren dos cosas al mismo tiempo: la conciencia se expande y, al hacerlo, empiezan a surgir nuevas respuestas. Cuando la conciencia se expande, los acontecimientos que parecen casuales dejan de serlo y un propósito mayor trata de abrirse paso a través de ti. Cuando tomas conciencia de ese propósito —único para cada persona—, te conviertes en el arquitecto al que le han encargado el proyecto. En lugar de poner ladrillos y tuberías al azar, el arquitecto puede avanzar ahora con la confianza de saber cómo será el edificio y cómo construirlo.

El primer paso en este proceso es reconocer a partir de qué nivel de conciencia uno está trabajando en un momento dado. Cada vez que surge un desafío, ya sea en el terreno de las relaciones, el trabajo, las transiciones personales o crisis que exigen acción inmediata, intervienen tres niveles de conciencia. Si empezamos a conocerlos, habremos dado un gran paso para encontrar la mejor respuesta.

NIVEL 1: LA CONCIENCIA CONTRAÍDA

Este es el nivel del problema y, por lo tanto, atrae nuestra atención de inmediato. Algo ha salido mal. Las expectativas se han visto frustradas. Nos enfrentamos a obstáculos que no queremos apartar de nuestro camino. A medida que aumenta la resistencia, la situación sigue sin mejorar. Al examinar el nivel del problema, suelen estar presentes los siguientes elementos:

Tus deseos se ven frustrados. Algo que quieres topa con una oposición.

Sientes que cada paso adelante es una batalla.

Sigues haciendo aquello que, para empezar, nunca ha funcionado.

La ansiedad y el miedo al fracaso siempre subyacen.

No tienes la mente clara. Hay confusión y conflicto interno.

A medida que aumenta la ansiedad, se agota tu energía. Sientes un cansancio cada vez mayor.

Para saber si estamos atascados en el nivel de conciencia contraída podemos hacer una sencilla prueba: cuanto más luchamos por librarnos de un problema, más atrapados estamos en él.

NIVEL 2: LA CONCIENCIA EXPANDIDA

Este es el nivel donde empiezan a aparecer las soluciones. La visión se extiende más allá del conflicto y aporta mayor claridad. La mayoría de la gente no puede acceder de inmediato a este nivel porque la primera reacción ante una crisis es contraerse. Nos ponemos a la defensiva, nos volvemos desconfiados y miedosos. Pero si nos permitimos expandirnos, veremos que los siguientes elementos penetran en nuestra conciencia.

La necesidad de luchar empieza a disminuir.

Comienzas a soltar las riendas.

Hay más personas que conectan contigo y estás más abierto a ellas.

Adoptas decisiones con mayor confianza.

Te enfrentas de manera realista al miedo y eso hace que este empiece a disminuir.

Al adquirir una visión más clara ya no te sientes confuso y en conflicto.

Sabemos que hemos alcanzado este nivel de conciencia cuando ya no nos sentimos atascados: ha comenzado el proceso. Con una mayor expansión, acuden en nuestra ayuda fuerzas ocultas. Avanzamos en consonancia con lo que deseamos de la vida.

NIVEL 3: LA CONCIENCIA PURA

Este es el nivel donde no existen problemas. Cada desafío representa una oportunidad creativa. Nos sentimos perfectamente en sintonía con las fuerzas de la naturaleza. Aquello que lo hace posible es que la conciencia puede expandirse sin límites. Aunque parezca que para alcanzar la conciencia pura se necesita mucha experiencia en el camino espiritual, ocurre exactamente lo contrario. La conciencia espiritual está en contacto con nosotros en todo momento y nos envía impulsos creativos. Lo único importante es estar abiertos a las respuestas que se presentan. Cuando estamos completamente abiertos, encontramos los siguientes elementos:

No hay lucha.

Los deseos se satisfacen espontáneamente.

Lo siguiente que quieres es lo mejor que podría suceder. Te beneficias a ti mismo y beneficias a tu entorno.

El mundo exterior es un reflejo de lo que ocurre en tu mundo interior.

Te sientes completamente a salvo. En el universo te sientes en casa.

Te ves a ti mismo y ves el mundo con compasión al tiempo que lo comprendes.

Estar perfectamente instalados en la conciencia pura es iluminación, un estado de unidad con todo lo que existe. En última instancia, toda vida se mueve en esa dirección. Aunque aún no alcances la meta final, sabes que estás en contacto con la conciencia pura cuando te sientes auténticamente tú mismo en un estado de paz y libertad.

Cada uno de estos niveles brinda su propia clase de experiencia. Es algo que se ve fácilmente cuando se experimenta un contraste brusco o un cambio súbito. El amor a primera vista, por ejemplo, nos lleva sin avisar de la conciencia contraída a la expandida. En lugar de relacionarnos de una manera social corriente, de pronto vemos en otra persona un atractivo enorme, incluso la perfección. En el trabajo creativo, topamos con la experiencia del tipo «¡Esto es lo que buscaba!». En vez de luchar contra una imaginación bloqueada, la respuesta se presenta sola, fresca y nueva. Nadie duda de la existencia de semejantes revelaciones —de hecho pueden cambiar nuestra vida—, como en la llamada experiencia cumbre, en que la realidad se desborda de luz y aparece una revelación. Pero lo que la gente no ve es que la conciencia expandida debería ser su estado normal, no un momento de extraordinaria diferencia. Convertirlo en algo normal es la clave de la vida espiritual.

Cuando oímos a la gente hablar de sus problemas, obstáculos, fracasos y frustraciones —de una existencia atrapada en la conciencia contraída—, vemos por qué es fundamental alcanzar una nueva visión. Es muy fácil perderse en los detalles. Las dificultades que supone enfrentarse a cada nuevo desafío a menudo resultan abrumadoras. Por muy intensa que sea la situación que atravesemos, que por supuesto tiene sus propias dificultades singulares, si miramos a izquierda y derecha veremos que los demás están igual de atrapados en las suyas. Quítale los detalles y lo que queda es una causa general de sufrimiento: falta de conciencia. Cuando digo «falta» no me refiero a fracaso personal. A menos que a uno le enseñen a expandir la conciencia, no tiene otra alternativa que experimentar un estado de contracción.

Así como el cuerpo se encoge cuando se enfrenta al dolor físico, la mente se contrae por reflejo ante el dolor mental. Para comprender mejor lo que se siente en un momento de súbita contracción, imaginémonos en una de las siguientes situaciones:

Eres una madre joven que has llevado a tu hijo a jugar al parque. Conversas durante un momento con otra madre y, cuando te vuelves, no ves al niño.

Estás en el trabajo sentado ante el ordenador y alguien menciona al pasar que va a haber despidos. Por cierto, da la casualidad de que el jefe quiere verte.

Abres el buzón y te encuentras con una carta de Hacienda.

Estás al volante y te acercas a un cruce cuando, de repente, un coche salido de la nada gira bruscamente y se salta un semáforo en rojo.

Entras en un restaurante y ves a tu pareja sentada con un acompañante muy atractivo. Están inclinados sobre la mesa y hablan en voz baja.

No hace falta mucha imaginación para darse cuenta del súbito cambio de conciencia que provocan estas situaciones. El pánico, la ansiedad, la ira y la aprensión invaden la mente; es el resultado de cambios que tienen lugar en el cerebro, cuando el tronco encefálico o cerebro inferior tiene prioridad sobre el cerebro superior y provoca que se libere adrenalina como parte de una serie de reacciones físicas conocidas como «respuesta al estrés». Cualquier sensación es tanto física como mental. El cerebro ofrece una representación precisa de lo que experimenta la mente y recurre a una combinación infinita de señales electroquímicas que circulan a través de cien mil millones de neuronas. Un neurocientífico puede localizar cada vez con mayor precisión las regiones que producen tales cambios. Lo que no puede verse con una resonancia magnética es el acontecimiento mental que desencadena todos estos cambios, porque la mente funciona a un nivel invisible de conciencia o conocimiento. Podríamos tomar estos dos términos como sinónimos, pero analicémoslos un poco.

La espiritualidad trata con nuestro estado de conciencia. No es lo mismo que la medicina o la psicoterapia. La medicina se ocupa del aspecto físico de los cambios que tienen lugar en el cuerpo. La psicoterapia trata con una dificultad específica, como la ansiedad, la depresión o una enfermedad mental en sí. La espiritualidad encara la conciencia directamente para producir un conocimiento más elevado. En nuestra sociedad esto se ve como una manera mucho menos real que otras de abordar los problemas. En momentos difíciles la gente hace lo que puede con el confuso torbellino del miedo, la ira, los cambios de humor y los conflictos cotidianos. No se le ocurre poner en la misma línea las palabras «espiritual» y «solución». Lo que indica una visión limitada de lo que, en realidad, es la espiritualidad y lo que puede hacer.

Si la espiritualidad puede cambiar nuestra conciencia, entonces no hay nada más práctico.

La conciencia no es algo pasivo; lleva directamente a la acción (o a la inacción). La forma en que percibimos un problema influye inevitablemente en cómo tratamos de resolverlo. Todos hemos formado parte de grupos que deben llevar a cabo una tarea, y, cuando empezamos a conversar, cada participante exhibe aspectos de su conciencia. Algunos reclaman atención; otros se retraen en silencio. Aparecen voces cautas y pesimistas, y otras de signo contrario. Todo este juego y despliegue de actitudes, emociones, papeles, etcétera, se reduce a la conciencia. Cada situación conduce en sí misma a expandir nuestra conciencia. La palabra «expandir» no significa que la conciencia se hincha como un globo; sino que podemos desglosarla en áreas bastante específicas. Cuando estamos en una situación, respondemos por medio de los siguientes aspectos de la conciencia:

Percepciones.
Creencias.
Suposiciones.
Expectativas.
Sentimientos.

Cuando se cambian estos aspectos —incluso unos pocos—, se produce una transformación en la conciencia. Como primer paso para alcanzar una solución, es fundamental desglosar cualquier problema hasta llegar a aquellos aspectos de la conciencia que lo alimentan.

Percepciones: Cada situación es distinta según las diferentes personas. Donde yo veo un desastre, tú puedes ver una oportunidad. Donde tú ves una pérdida, yo quizá vea que me han quitado un peso de encima. La percepción no es algo fijo; es muy personal. De modo que la pregunta clave, cuando uno aborda el nivel de conciencia, no es «¿cómo son las cosas?», sino «¿cómo son las cosas para mí?». Poner en tela de juicio nuestras percepciones nos distancia del problema, y, con la distancia, llega la objetividad. Pero la objetividad total no existe. Todos vemos el mundo según el cristal con que lo miremos; y si confundimos lo que vemos con la realidad, solo es el tono del cristal que aparenta ser transparente.

Creencias: Como las creencias se ocultan bajo la superficie, da la impresión de que desempeñan un papel pasivo. Todos conocemos personas que afirman no tener prejuicios —raciales, religiosos, políticos o personales—, pero que actúan como alguien lleno de prejuicios. Es fácil reprimir las creencias, pero es igual de fácil no reconocerlas. Puede que aquello que los psicólogos llaman creencias esenciales sean las manchas más indelebles en uno mismo. En otros tiempos, por ejemplo, se consideraba una creencia esencial que los hombres fueran superiores a las mujeres. El tema ni siquiera estaba sujeto a discusión, y mucho menos se ponía en duda. Pero cuando las mujeres exigieron el voto, lo que se convirtió en un amplio y expresivo movimiento feminista, los hombres vieron que se ponía en evidencia su creencia esencial. ¿Cómo reaccionaron? Como si los atacaran personalmente, porque sus creencias eran su identidad. El concepto de «esto soy yo» está instalado en la mente, muy cerca de «esto es lo que creo». Cuando uno reacciona a un reto tomándoselo como algo demasiado personal, poniéndose a la defensiva, con ira y tozudez ciega, por lo general es que le han tocado alguna creencia esencial.

Suposiciones: Como cambian según la situación en la que nos encontremos, las suposiciones son más flexibles que las creencias, aunque están tan poco analizadas como estas. Si la policía te indica que pares en el arcén, ¿no supones que has cometido una infracción y te pones a la defensiva? Cuesta ser lo suficientemente receptivo para contemplar la posibilidad de que el agente pueda querer decirte algo positivo. Así funcionan las suposiciones. Arremeten para llenar el vacío de la incertidumbre. En los encuentros sociales nunca hay lugar para el vacío. Cuando quedas con un amigo para cenar, tienes suposiciones sobre cómo se desarrollará la noche, que son distintas a las que creas en una cita a ciegas. Como con las creencias, cuando se ponen en tela de juicio las suposiciones de una persona, es muy probable que el resultado sea imprevisible. Aunque nuestras suposiciones cambian todo el tiempo, en general no nos gusta que nos digan que tienen que cambiar.

Expectativas: Lo que se espera de otras personas está vinculado al deseo o el miedo. Las expectativas positivas se rigen por el deseo: queremos algo y esperamos que nos llegue. Esperamos que nuestra pareja nos ame y nos cuide. Esperamos que nos paguen por el trabajo que hacemos. Las expectativas negativas se rigen por el miedo; es lo que sucede cuando la gente prevé el peor de los panoramas. La ley de Murphy, que dice que si algo puede salir mal, saldrá mal, es un buen ejemplo. Como el deseo y el miedo están cerca de la superficie de la mente, las expectativas son más activas que las creencias y las suposiciones. Lo que uno cree sobre su jefe es una cosa, pero que le digan que le van a recortar el sueldo es otra. Privar a alguien de lo que espera pone directamente en cuestión su forma de vida.

Sentimientos: Por mucho que intentemos disfrazarlos, nuestros sentimientos están en la superficie; los demás los ven o los perciben en cuanto se encuentran con nosotros. Por lo tanto, nos pasamos mucho tiempo tratando de luchar contra los sentimientos que no queremos tener o de los cuales nos avergonzamos y juzgamos negativamente. Para muchos, el mero hecho de tener sentimientos es algo indeseable. Se sienten desnudos y vulnerables. Tener emociones equivale a no tener control (que ya de por sí es un sentimiento indeseable). Ser conscientes de que tenemos sentimientos es un paso hacia una mayor conciencia; luego hay otro paso mucho más difícil: aceptar los propios sentimientos. Con la aceptación llega la responsabilidad. Ser dueño de los propios sentimientos, en lugar de echarle la culpa de ellos a otro, es lo que distingue a una persona que ha pasado de la conciencia contraída a la expandida.

Cuando somos capaces de examinar nuestro estado de conciencia, emergen estos cinco elementos. Cuando alguien es de verdad consciente de sí mismo, se le pueden hacer preguntas directas sobre cómo se siente, cuáles son sus suposiciones, qué espera de ti y de qué forma se ven afectadas sus creencias esenciales, y la respuesta no será una reacción defensiva, sino que dirá la verdad. Por muy sano que esto parezca, ¿por qué es espiritual? Tener conciencia de uno mismo no es lo mismo que rezar, creer en milagros o procurar el favor de Dios. La visión que he esbozado es espiritual porque está en el tercer nivel de conciencia, que he calificado de «conciencia pura».

Se trata del nivel que los creyentes religiosos conocen como alma o espíritu. Uno tiene creencias espirituales cuando basa su vida en la realidad del alma. Cuando uno va más allá y toma el nivel del alma como la base de la vida —el fundamento de la existencia propiamente dicho—, entonces la espiritualidad se convierte en un principio activo. El alma está despierta. En la realidad, el alma nunca duerme porque la conciencia pura está presente en cada pensamiento, sentimiento y acto. Podemos ocultarnos este hecho a nosotros mismos; en realidad, un síntoma de la conciencia contraída es la negación completa de una realidad «más elevada», que no se basa en una ceguera deliberada, sino en falta de experiencia. Una mente bloqueada por el miedo, la ansiedad, la ira, el resentimiento o el sufrimiento de cualquier tipo no puede experimentar la conciencia expandida, y mucho menos la conciencia pura.

Si la mente funcionara como una máquina, no podría recuperarse del estado de sufrimiento. Al igual que los engranajes que se desgastan por la fricción, nuestros pensamientos serían cada vez peores, hasta que un día el sufrimiento triunfaría por completo. Para mucha gente la vida es así. Sin embargo, la posibilidad de sanar nunca se agota del todo; el cambio y la transformación son derechos inalienables, garantizados no por Dios, o la salvación, sino por los cimientos indestructibles de la vida, que son conciencia pura. Estar vivo es estar en constante cambio. Cuando nos sentimos atascados, nuestras células, a pesar de todo, siguen procesando los materiales básicos de la vida. Los sentimientos de perplejidad y depresión pueden hacer que la vida parezca que se detiene, igual que una pérdida o un fracaso súbitos. Pero por muy grave que sea la conmoción o persistente un obstáculo, la base de la existencia no queda afectada, y mucho menos dañada.

En las siguientes páginas conoceremos personas que se sienten atrapadas, perplejas, frustradas y estancadas. Sus historias parecen únicas, desde su propio punto de vista, pero el camino para avanzar no lo es. Es otra de las razones de por qué las soluciones que se ofrecen son espirituales: implican que primero hay que mirar, despertar y abrirse a nuevas percepciones. La espiritualidad es la forma más práctica de llegar a una solución, porque solo se puede cambiar aquello que, para empezar, se puede ver. No hay enemigo más insidioso que aquel ante el que estamos ciegos.

Vivimos en una época secular; por lo tanto, la visión de la vida que acabo de esbozar está lejos de la norma. De hecho, es casi la opuesta, porque aunque todos coincidan en que los edificios deben tener planos, la vida no los tiene. La consideramos una serie de acontecimientos imprevisibles que nos esforzamos por controlar. ¿Quién será desahuciado o perderá el trabajo? ¿Qué hogar se verá afectado por accidentes, adicciones o divorcios? Parece como si no hubiera motivos que justifiquen tales sucesos. Las cosas ocurren. Los obstáculos se presentan según sus propias leyes o sencillamente por accidente. Cada uno justifica su propia conciencia contraída aceptando esas creencias profundamente arraigadas. La naturaleza humana, nos decimos, está llena de impulsos negativos, como el egoísmo, la agresividad y los celos. Como mucho, podemos ejercer un control parcial sobre ellos a medida que aparecen en nosotros. No tenemos ningún control sobre el negativismo de los demás; por lo tanto, cada día supone una lucha contra lo fortuito y contra la gente que quiere conseguir lo que desea aunque nos ocasione problemas o incluso pérdidas. Para empezar a expandir la conciencia, debemos poner en tela de juicio esta concepción del mundo, aunque sea la norma social. Normal no es lo mismo que cierto.

La verdad es que estamos enmarañados en un mundo que llamamos real. La mente no es un fantasma. Está firmemente arraigada en la situación completa en la que nos encontramos. Para ver cómo funciona, primero hay que abolir la separación entre un pensamiento, las células del cerebro que ese pensamiento estimula, la reacción física producto de los mensajes que recibe del cerebro y la acción que decidimos adoptar. Todas ellas son partes del mismo proceso continuo. Hasta los genetistas, que durante décadas predicaron que los genes determinaban casi todos los aspectos de la vida, tienen un nuevo latiguillo: los genes no son los sustantivos, sino los verbos. El dinamismo es universal.

Tampoco estamos flotando en un medio sin mente. Lo que decimos y hacemos incide en nuestro entorno. Las palabras «te amo» tienen un efecto completamente diferente en los demás que «te odio». Las palabras «el enemigo nos ataca» mueven a una sociedad entera. Y, a un nivel más amplio, el intercambio de información a escala mundial influye sobre todo el planeta. Uno participa de esa mente global cuando manda un correo electrónico o entra en una red social. Lo que se come a la carrera en un restaurante de comida rápida tiene consecuencia en toda la biosfera, tal como se esfuerzan en señalarnos los ecologistas.

La espiritualidad siempre ha empezado por la plenitud. Perdidos en un mundo de detalles, nos olvidamos de que el aislamiento es un mito. Tu vida en este momento es un proceso complejo que implica pensamientos, sentimientos, neurotransmisores, reacciones físicas, información, interacciones sociales, relaciones personales y ecología. De modo que cuando hablamos o actuamos, causamos un efecto en cadena que se siente en la corriente de la vida. Pero la espiritualidad va más allá de describirnos a nosotros mismos; también prescribe la manera más beneficiosa de influir en la corriente de la vida.

Como la conciencia pura es la base de todo, la forma

más poderosa de cambiar nuestra vida es empezar por la propia conciencia. Cuando esta cambie, cambiará también la situación. Cada situación es visible e invisible a la vez. La mayoría de la gente lucha contra la parte visible porque está «allí fuera», accesible a los cinco sentidos, y se resiste a encarar el aspecto invisible de su situación, «aquí dentro», donde acechan los peligros y los miedos ocultos. En la visión espiritual de la vida, el «aquí dentro» y el «allí fuera» están unidos por innumerables hebras, a partir de las cuales se entreteje la trama de la existencia.

Hay, por lo tanto, dos visiones completamente opuestas y en frontal competencia: una se basa en el materialismo, el azar y lo exterior; la otra, en el conocimiento, el propósito y la unión de lo interno y lo externo. Antes de encontrar la solución al desafío al que nos enfrentamos hoy, en este preciso instante, debemos escoger a un nivel más profundo qué visión de la vida adoptamos. La espiritual conduce a soluciones espirituales. La no espiritual lleva a muchas otras soluciones. Es evidente que se trata de una elección fundamental porque, tanto si nos damos cuenta como si no, la vida se desarrolla de acuerdo con las decisiones que hemos tomado inconscientemente, dictadas por nuestro nivel de conciencia.

A pesar de todo, este esquema de lo que se puede lograr con una solución espiritual le resultará extraño a mucha gente. La mayoría evitamos enfrentarnos a nosotros mismos porque no logramos definir una visión, sino que abordamos la vida tal como viene, tratando de sobrellevarla lo mejor que podemos y nos basamos en los errores del pasado, los consejos de amigos y familiares, y la esperanza. Acabamos cediendo cuando debemos y aferrados a lo que creemos que deseamos. ¿Qué haría falta, entonces, para adoptar una visión espiritual de nuestra propia vida? En este libro no seguiremos el camino de la religión convencional. Con todo, la oración y la fe, aunque no sean fundamentales para la visión que es necesario desarrollar, no están excluidas. Si eres religioso y encuentras consuelo y ayuda volcándote en Dios, tienes todo el derecho a tu versión de la vida espiritual. En esta obra, sin embargo, consultaremos una tradición mucho más amplia que cualquiera de las religiones del mundo, una tradición que encarna la sabiduría práctica de sabios y profetas, tanto de Oriente como de Occidente, que han buceado en lo profundo de la condición humana.

Si los próximos capítulos abordan un elemento de sabiduría práctica, es el siguiente: la vida se recicla y, al mismo tiempo, evoluciona constantemente. Por lo tanto, también debe ser un concepto válido para tu propia vida. Cuando consigas ver que todas tus luchas y frustraciones te han impedido sumarte a la corriente de la evolución, tendrás los mejores motivos para dejar de luchar. Me inspiro en el famoso sabio de la India que nos enseñó que la vida era como un río que fluía entre la orilla del dolor y la del sufrimiento. Cuando nos mantenemos en el centro del río, todo fluye perfectamente, pero insistimos en aferrarnos al dolor y al sufrimiento a medida que pasamos entre ellos, como si esas riberas nos ofrecieran seguridad y cobijo.

La vida fluye desde dentro de sí misma y agarrarse a cualquier tipo de lugar rígido o fijo es contrario a la vida en sí. Cuanto más nos soltemos, más expresará el verdadero yo su deseo de evolucionar. Una vez que el proceso está en marcha, todo cambia. Los mundos interno y externo se reflejan el uno en el otro sin confusión ni conflicto. Como las soluciones ahora surgen del nivel del alma, no encuentran resistencia. Todos nuestros deseos nos llevan, como resultado, a lo que es mejor para uno y su entorno.

A fin de cuentas, la felicidad se basa en la realidad, y no hay nada más real que el cambio y la evolución. Este libro se ha escrito con la esperanza de que todos puedan encontrar la manera de saltar al río.

||||||||||||||||||||||||||||||||||||||||||||||||||||||||||||||||||||||||||||||||||||||

LA ESENCIA

Todo problema es susceptible de una solución espiritual. La solución está en expandir la conciencia y avanzar más allá de nuestra visión limitada del problema. El proceso empieza por reconocer con qué tipo de conciencia estamos funcionando, porque para cada desafío de la vida hay tres niveles de conciencia.

Primer nivel: conciencia contraída

Este es el nivel de los problemas, los obstáculos y la lucha. Las respuestas son limitadas. El miedo contribuye a una sensación de confusión y conflicto. Los esfuerzos para llegar a una solución se topan con la frustración. Seguimos haciendo aquello que, para empezar, no funcionaba. Si continuamos en este nivel, acabaremos frustrados y agotados.

Segundo nivel: conciencia expandida

Este es el nivel en el que empieza a aparecer la solución. Hay menos lucha. Es más fácil superar los obstáculos. Nuestra visión se extiende más allá del conflicto y nos da más claridad. Hacemos frente de manera más realista a las energías negativas. Con una mayor expansión, acuden en nuestra ayuda fuerzas ocultas. Avanzamos de acuerdo con aquello que deseamos de la vida.

Tercer nivel: conciencia pura

Este es el nivel donde no existen problemas. Cada desafío es una oportunidad creativa. Nos sentimos completamente afines a las fuerzas de la naturaleza. Los mundos interno y externo se reflejan el uno en el otro sin confusión ni conflicto. Como las soluciones ahora surgen del nivel del verdadero yo, no encuentran resistencia. Todos nuestros deseos llevan al resultado de aquello que es mejor para nosotros y nuestro entorno.

Al avanzar del primer al tercer nivel, los desafíos de la vida se convierten en lo que deben ser: un paso más hacia el verdadero yo.

Dos

LOS MAYORES DESAFÍOS
DE LA VIDA

Las relaciones

¿Qué es aquello que abre una relación a una solución espiritual? Estar dispuestos a expandir la propia conciencia y, a la vez, dar el espacio necesario para que se expanda la conciencia de nuestra pareja. Por lo tanto, una relación espiritual es un espejo en el cual dos personas se vislumbran a nivel del alma. La relación espiritual proporciona la más profunda de las realizaciones, un tipo de realización no puede fingirse. Pero ¿cuáles son sus componentes?

Como con todos los aspectos del camino espiritual, no hay nada fijo. Se puede intentar definir la relación perfecta en términos de ideales, tales como el amor incondicional y la confianza plena, pero en realidad es un proceso, e incluso en las mejores relaciones el proceso tiene idas y vueltas imprevisibles. En esta sección veremos los testimonios de personas atrapadas en relaciones angustiantes. Para ellas también existe un proceso, pero que se desarrolla en la dirección equivocada. Cuando dos personas que se querían están alienadas y son infelices, el proceso que las ha llevado a ese punto sin duda tiene características previsibles. Observa tu propio matrimonio o vida en común, y piensa si se puede aplicar lo siguiente:

Proyección: Tu pareja te enfada y te frustra. Afirma que no hace nada para irritarte, y mucho menos para hacerte daño, pero eso no cambia lo que sientes. El mínimo gesto te hace ver todo lo que no te gusta, todas las características persistentes que al parecer no cambian nunca.

Crítica: Piensas que tu pareja está en cierto modo equivocada o actúa mal. Sientes una falta de respeto o, en otro orden, un profundo sentimiento de culpa. Condenas especialmente que esa crítica que notas está dirigida a ti, lo que no hace más que aumentar la sensación de que tú tienes razón y la otra persona se equivoca.

Codependencia: Tu pareja aporta las piezas que te faltan. Juntos sois una persona completa, un frente unido contra el mundo. Pero ahí radica el gran inconveniente. Te sientes acompañado cuando todo marcha de maravilla; pero cuando hay desacuerdos, te parece imposible valerte por ti mismo, como un adulto independiente. Necesitas la pieza que te falta, porque de lo contrario sentirías un agujero dentro.

Dar demasiado: Para que las cosas funcionen y demostrar que eres una buena esposa, renuncias a tu poder. Todas las grandes decisiones las toma tu marido, que tiene la palabra final. Es menos frecuente que el marido renuncie a su poder en favor de la mujer, pero en cualquier caso pasas a ser dependiente de otro para tu manutención, respeto hacia ti misma, reconocimiento, atención y, en última instancia, para tu percepción de lo que vales.

Tomar demasiado: Es lo opuesto al punto anterior. En lugar de ser dependiente, haces que tu pareja dependa. Lo haces por medio del control. Quieres tener razón. Te sientes libre de culpar a tu pareja y siempre encuentras una excusa para ti. Esperas tener razón. Raramente compartes o consultas. De manera más o menos evidente, haces que tu pareja se sienta menos que tú.

La relación no es algo que se pueda sacar de un estante para sacarle brillo o repararla. Son días, horas y minutos que se pasan juntos, y cada uno de los miembros se siente perdido cuando se acaba. La forma en que se aborda minuto a minuto se convierte en la suma total de la relación. Si se pasan esos minutos abordándola mal, con el tiempo se produce el deterioro.

La alternativa es abordarla bien y con sensatez momento a momento, y para eso es necesario talento. Nadie dice que haya que convertir el matrimonio en un pacto entre dos santos. Lo que hace falta es una conexión con un nivel más profundo de uno mismo, un nivel a partir del cual el amor y la comprensión puedan surgir espontáneamente. En las relaciones que se deterioran, la conciencia es poco profunda y contraída, de modo que los impulsos que surgen espontáneamente son la ira, el resentimiento, la ansiedad, el aburrimiento y los reflejos habituales. Sin culpar a tu pareja ni a ti mismo, considéralos síntomas de una contracción que puede cambiarse simplemente por medio de la expansión.

CUANDO LAS RELACIONES SE DESPIERTAN

La conciencia expandida tiene sus propias características. Al examinar la mejor parte de tu relación, la época en que te sentías cerca y unido a tu pareja, pregúntate si se pueden aplicar las siguientes cualidades:

Evolución: Procuras buscar tu yo verdadero y actuar desde ese nivel. Al mismo tiempo, tu pareja tiene el mismo objetivo. Quieres para ella la misma evolución y crecimiento que para ti.

Igualdad: No te sientes superior ni inferior. Por mucho que te irrite tu pareja, en el fondo ves otra alma. Compartís juntos el respeto mutuo. Cuando hay peleas, nunca la menosprecias. No tienes que forzarte a sentirte igual, mientras tu ego siente secretamente que es mejor.

Realidad: Esperáis franqueza y fidelidad mutua. Te das cuenta de que las ilusiones son el enemigo de la felicidad. No finges tener sentimientos que no tienes. Al mismo tiempo, consideras que la negatividad es una proyección, así que no te dejas llevar por la ira y el resentimiento. Ser real significa también sentirse renovado todos los días. Cuando cada momento es real, no hay necesidad de depender de expectativas y ritos que ayudan a pasar el día.

Intimidad: Disfrutas de estar cerca y usas tu intimidad para comprender y que te comprendan. Ella no manipula la intimidad para obtener más afecto y deseo. Él no rehúye la intimidad por miedo. La cercanía no es un estado en que cada uno se siente expuesto y vulnerable; es vuestra más profunda verdad compartida.

Responsabilidad: Reclamas lo que te pertenece, aunque duela. Asumes tu propia carga personal. Hay algunos pesos que cargáis los dos juntos, pero no te dejas seducir por la codependencia, que obliga a que los problemas de una persona sean asumidos por dos. Teniendo presente que se trata de «mi ira» y «mi dolor», no «lo mucho que me has enfadado» o «la manera en que me hieres», vas más allá de la victimización. Por muy justificado que sea el papel de víctima, hay una falta de responsabilidad subyacente. Permites que otra persona determine tus sentimientos y decida los resultados que en realidad debes decidir tú.

Rendirse con generosidad: No encaras la rendición como una pérdida, sino que te preguntas cuánto puedes dar a tu pareja y, al hacerlo, alcanzas un nivel más elevado de rendición. A este nivel, dar es un honor porque un yo verdadero se inclina ante otro. Es un sentimiento de amor, pero de un amor casi impersonal, porque no esperas nada a cambio. Cada vez que das, enriqueces tu verdadero yo, de modo que el beneficio neto es positivo.

Si se puede lograr que las personas vean la diferencia entre estos dos procesos, uno que lleva al deterioro de las parejas, y el otro a la evolución compartida, se habrá dado el primer paso hacia una relación espiritual. Pero no insisto en la palabra «espiritual». Para muchas parejas es un concepto ajeno e incluso amenazador. Es más importante que ambos vean el valor de expandir su conciencia. El truco consiste en saber dónde insertar la cuña. Todos nos aferramos con fuerza a nuestro punto de vista egoísta. La mayor parte del tiempo sabemos lo que queremos. Albergamos la fantasía de que nuestra pareja se echará a un lado y nos facilitará el camino hasta lo que queremos.

Si tenemos esto en cuenta, es evidente que coaccionar a cada miembro de la pareja para que se rinda y ceda es inútil. Equivale a decir: «Te quiero más que a mí mismo.» Nadie puede decir sinceramente algo así, especialmente en un estado de conciencia contraída. Lo que funciona es tratar la cuestión desde un ángulo diferente, pero demostrando los beneficios de expandir la propia conciencia. Permite que nos sintamos más relajados, menos tensos, dar espacio para que las emociones positivas surjan sin miedo a que sean aplastadas. La ansiedad puede aflorar a la superficie y liberarse. Al menos al principio, esos beneficios son egoístas, pero, con el tiempo, la conciencia expandida permite que haya espacio para la otra persona. En una relación que se ha desarrollado durante años en una dirección espiritual, verás que haces lo siguiente con naturalidad:

- Te relacionas emocionalmente con tu pareja, con la confianza de que tus sentimientos son apreciados y no serás juzgado.
- Te vinculas afectivamente a un nivel profundo, con la confianza plena de que te aceptarán.
- Exploras quién eres en realidad y quién es tu pareja; en otras palabras, dejas al descubierto tu alma.
- Permites que el amor y la intimidad crezcan sin imponer límites ni dejar que el miedo se interponga.
- Perseguís juntos un propósito más elevado.
- Educas una generación de hijos que puedan sentirse más satisfechos que la generación actual.

Sé que tal vez parezca difícil lograr algo así cuando nos observamos hoy, a nosotros y a nuestra pareja. Pero una relación espiritual plena es el resultado natural de un proceso que puede empezar ya. La sabiduría tradicional habla, sobre todo en singular, de cómo el alma puede alcanzar el cielo o la iluminación. Sin embargo, los seres humanos siempre han sido sociales, y el crecimiento de un individuo —incluido el propio crecimiento— tiene lugar en un entorno social. Si miramos hoy a nuestro alrededor, vemos que muchas familias desean un desarrollo interior, pero no es un tema fácil del que hablar.

El lado espiritual de la vida en la sociedad moderna se ha separado de la «vida real», que implica interminables distracciones. Nos centramos en las cosas cotidianas que tienen que ver con las relaciones: criar una familia, atender las necesidades de comida y ropa, mantener la paz bajo un techo. Como las relaciones ya de por sí son difíciles, tratar de conseguir una relación espiritual quizá parezca una fantasía. Pero la espiritualidad es la base de todo en la vida. Primero somos almas, y luego personas; la sabiduría tradicional del mundo repite esta enseñanza una y otra vez. Cuando invertimos la ecuación y nos relacionamos en primer lugar como personas, los problemas son inevitables porque a nivel personal cada uno tiene sus propios planes, sus gustos y un montón de motivaciones egoístas. En ese caso, el yo verdadero no tiene otra alternativa que ocultarse.

TODO EL MUNDO NECESITA LUZ

No obstante, al yo verdadero le asisten todas las razones para salir de su escondite. Así es como pueden encontrarse mutuamente dos almas. Pero sacar a la luz la calidad espiritual que hay en uno mismo no está restringido a la relación principal. Toda relación tiene un potencial propio, diferente y único. Imaginemos en este momento que todas las personas con las cuales nos relacionamos son un pastel, y cada una de ellas una porción. La mayor parte de esas porciones son personas estables: amigos y familiares dignos de confianza y que aparentemente no cambian. Esa estabilidad es necesaria; esas relaciones hacen que la vida sea sólida y reconfortante, aunque tal vez nos quejemos de que nadie cambia o no noten todo lo que hemos cambiado nosotros. Cuando uno vuelve a casa por Navidad, por ejemplo, en general la mesa está llena de este tipo de personas.

Pero hay otras porciones de pastel diferentes; y por lo menos una de ellas está llena de luz: la que nos inspira y que nos hace crecer y evolucionar. El idilio no siempre es la clave. Puede que él o ella sean las personas más difíciles con quienes relacionarse, porque nuestra relación es tan abierta que no perdemos tiempo en intercambiar gestos sociales habituales. Recuerdo a una mujer que le dijo a su pareja: «No somos tan felices como deberíamos.» Él, sin dudarlo, respondió: «A lo mejor nuestro trabajo ahora mismo no es ser felices, sino ser reales.» A un nivel más profundo, la felicidad se convierte en algo duradero cuando es real. Si tratamos que una relación se base en ilusiones, por muy placenteras que sean, al final fracasamos.

Hay que buscar esa porción del pastel de las relaciones que esté llena de luz. La *luz* es la esencia del alma. Pongo la palabra en cursiva porque la luz es una metáfora de una serie de características del alma: amor, aceptación, creatividad, compasión, no juzgar y empatía. Nuestra relación principal debe poseer dichas cualidades.

Sin embargo, mucha gente no es tan afortunada, o bien porque no hay nadie inspirador en su círculo de relaciones, porque no tiene un compañero en su viaje espiritual o quizá porque la pareja sea un obstáculo en dicho viaje. Cuando las personas preguntan por sus atribuladas relaciones, no hay duda de que ahí está el meollo del problema. Sin embargo, la solución que buscan no radica en el nivel del problema, sino en el del verdadero yo. Una vez que lo comprenden, pueden dejar de echar la culpa a su pareja, de sentirse víctimas y empezar a asumir la responsabilidad de descubrir quiénes son en realidad. Con esas claves en la mano, surgen soluciones espirituales que no se veían antes, incluso en parejas que afirman haber probado todo.

Sin embargo, lo que no han probado es algo que sostiene a la vida en conjunto: nuestra conciencia de quiénes somos de verdad. Está en juego mucho más que la espiritualidad. Relacionarse cogidos de la mano es un viaje de autoexploración. No hay nada que dé mayor satisfacción que emprenderlo en común.

||||||||||||||||||||||||||||||||||||||||||||||||||||||||||||||||||||||||||||||||||

LA ESENCIA

Las relaciones se topan con problemas cuando están presentes síntomas de conciencia contraída tales como:

Proyectar la negatividad en tu pareja.
Culpar y juzgar en lugar de asumir la responsabilidad.
Usar a tu pareja para llenar las piezas de ti mismo que te faltan.
Renunciar a tu poder y volverte dependiente.
Hacerse con el poder y tratar de controlar.

Cuando surgen estos problemas, la relación se contrae aún más, porque cada miembro de la pareja está contraído. El resultado es una ruptura de la comunicación. Este tipo de relaciones pasan por *impasses* en que ambos se sienten bloqueados y frustrados.

En una relación en que la conciencia está en expansión, ambos evolucionan juntos. En lugar de proyectar, ven a la otra persona como un espejo de sí mismo. La base de una relación espiritual es aquella en la que puedes:

Desarrollar tu verdadero yo y relacionarte desde ese nivel.

Ver a la otra persona como un alma igual que tú.

Basar tu felicidad en ser real, no en ilusiones o expectativas.

Usar la intimidad para evolucionar y crecer.

Superar el sentimiento de victimización asumiendo la responsabilidad de la mitad de la relación.

Preguntar lo que puedes dar antes de exigir lo que puedes recibir.

La salud y el bienestar

Llevar la conciencia al terreno de la salud es el siguiente gran paso que hay que dar... y hace mucho tiempo que ha llegado la hora de darlo. La mayoría de la gente define la salud exclusivamente en términos físicos: lo bien que se sienten y lo que ven cuando se miran al espejo. La prevención se centra en los factores de riesgo que también son fundamentalmente físicos: ejercicio, dieta y estrés (a este último se le presta más atención de boquilla que otra cosa). La inercia plantea aquí un problema importante. La medicina depende de los fármacos y la cirugía, lo que refuerza nuestra fijación en lo físico. Incluso cuando se proponen programas de salud holísticos, es habitual que se cambien los productos farmacéuticos por las hierbas, la comida procesada por la orgánica y el *footing* por las clases de yoga. El cambio a un enfoque holístico de verdad no se produce.

Para que el enfoque de la salud sea holístico hay que tener en cuenta la conciencia, que es un factor invisible, pero que tiene efectos poderosos a largo plazo sobre el cuerpo y la mente. Pensemos en las siguientes preguntas básicas:

¿Tienes confianza en que puedes romper viejos hábitos como la falta de ejercicio, la sobrealimentación o someterte a elevados niveles de estrés?

¿Es una lucha controlar los impulsos?

¿Te sientes infeliz con tu peso e imagen física?

¿Te has prometido hacer ejercicio, pero luego has encontrado una excusa para no hacerlo?

¿Tu entusiasmo por hacer cosas preventivas va y viene?

¿Cómo te hace sentir el proceso del envejecimiento?

¿Evitas pensar en la muerte?

Cada una de estas preguntas tiene dos niveles. El primero está relacionado con un factor de riesgo específico, como mantener un peso adecuado y hacer suficiente ejercicio. Como ya sabemos, décadas de campañas de salud pública para que la gente preste atención a las medidas preventivas básicas no han impedido una epidemia de obesidad, el aumento de trastornos ligados al estilo de vida, como la diabetes del tipo dos, y una vida más sedentaria; y todas estas tendencias negativas también están extendiéndose a grupos de edad cada vez más jóvenes. Una de las razones de semejante descuido del bienestar es no tener en cuenta el segundo nivel del bienestar, que implica la mente.

El bienestar no consiste en tratar bien al cuerpo pero abrigar ansiedades y tener aprensión por todas las cosas que podrían salir mal, o los «factores de riesgo». Mucha gente, al mirar a su alrededor, ve un mundo lleno de riesgos: gérmenes, toxinas, agentes cancerígenos, pesticidas, aditivos alimenticios, etc. Omiten el mundo interior a menos que se enfrenten a un trastorno como la depresión.

Décadas de estudio han demostrado el efecto perjudicial de las actitudes negativas, el estrés, la soledad y la represión emocional. Si damos un paso atrás y miramos, ¿qué tienen en común todos estos factores? La conciencia contraída. Nos aislamos cada vez más y nos encerramos, más que en la casa donde vivimos, tras nuestros muros mentales. Analicemos los detalles de cómo la conciencia contraída lleva a un estado físico negativo.

Se pasan por alto o se niegan las señales del cuerpo

Durante las últimas décadas, ha tenido lugar una revolución en cómo percibimos nuestro cuerpo. Lo que parece ser un objeto, una cosa, en realidad es un proceso. En el cuerpo nada permanece inmóvil y la vida se basa en algo que parece muy abstracto: la información. Cincuenta millones de células están hablando entre sí constantemente y usan los receptores de las membranas exteriores, que captan la información de las moléculas que circulan por el torrente sanguíneo. La información es democrática. Un mensaje del hígado es una información tan válida e inteligente como la enviada por el cerebro.

Cuando la conciencia está contraída, el flujo de información se ve obstaculizado, en primer lugar en el cerebro porque este, físicamente, representa a la mente. Pero cada célula está atenta en el cerebro, o recibe instrucciones directamente de este, y al cabo de unos segundos los mensajes químicos llevan buenas o malas noticias a todas las partes del sistema. A un nivel básico, cuando tomamos malas decisiones vinculadas al estilo de vida en cuanto a dieta, ejercicio o estrés, estamos tomando una decisión holística. No se pueden separar nuestras decisiones de nuestro cuerpo, que soporta las repercusiones de todas las decisiones negativas.

La solución: Empieza a ser más consciente de tu cuerpo y a reconocerlo. Deja de juzgarlo. Establece contacto a través de las sensaciones y los sentimientos; haz aflorar tu conciencia, que ha estado bloqueada y rechazada.

Los hábitos se afianzan y es difícil controlar los impulsos

Tu cuerpo no tiene voz ni voluntad propias. Hagas lo que hagas, el cuerpo se adapta. El espectro de esta adaptación es milagroso. Los seres humanos tienen una dieta más amplia que cualquier otra criatura, viven en los climas más variados, respiran aire de las latitudes más extremas y responden a los cambios ambientales con una creatividad desconocida en otros seres vivos, salvo, e irónicamente, las formas de vida más esenciales: los virus y las bacterias. Sin capacidad de adaptación, ninguno de nosotros sobreviviría.

A pesar de todo, nos limitamos y rechazamos adaptarnos, y lo hacemos a través de los hábitos. Un hábito es un proceso fijo que no cambia aunque queramos hacerlo o el entorno nos lo exija. Un caso extremo serían las adicciones. Un alcohólico recibe una respuesta negativa de su cuerpo; la gente a su alrededor le pide que cambie y vive presa de una alteración extrema, pero el estrés de ser adicto sigue aumentando. Si se tratara de una cuestión de toxinas corrientes, como cuando comemos pescado o mayonesa en mal estado en un picnic, la adaptación intervendría automática y drásticamente. El cuerpo eliminaría la toxina, empezaría a purificarse y alcanzaría un renovado estado de equilibrio lo más rápido posible. Pero las adicciones son hábitos y bloquean todos los recursos que tiene el cuerpo para adaptarse hasta la inevitable caída. De una manera menos extrema, bloqueamos el cuerpo a través de hábitos cotidianos como la sobrealimentación o la falta de ejercicio, pero también con hábitos mentales como la preocupación y el patrón de conducta tipo A.*

La solución: Para antes de dejarte llevar por un hábito. Pregúntate cómo te sientes. Piensa que hay otras opciones. ¿Puedes optar por alguna de ellas? Si no, ¿qué te lo impide? Los hábitos se rompen parando los reflejos automáticos y planteándote preguntas nuevas a partir de las cuales surgen nuevas opciones. Luchar contra un hábito solo lo fortalece. Es inevitable perder la batalla y, cuando sucede, uno se castiga a sí mismo.

El circuito de retroalimentación se vuelve negativo

Las células del cuerpo no hablan en una sola dirección. Conversan en conjunto y se relacionan e interconectan a medida que los mensajes circulan por el torrente sanguíneo y el sistema nervioso. Si una célula dice: «estoy enferma», las otras responden: «¿cómo podemos ayudarte?». Es el mecanismo básico conocido como circuito de retroalimentación; significa que ningún mensaje se queda sin respuesta ni se hace oídos sordos a ningún grito de ayuda.

* Conducta caracterizada por la agresividad, el perfeccionismo, la imposibilidad de ceder el control y la permanente sensación de prisa. Son personas competitivas, impacientes que se sienten siempre bajo presión. Comen, caminan y hablan rápidamente y se inquietan si alguien trabaja más despacio. Intentan dominar las discusiones de grupo y les resulta difícil delegar o compartir el poder. *(N. de la T.)*

A diferencia de la sociedad, que da muchas respuestas negativas en forma de crítica, rechazo, prejuicios y violencia, el cuerpo solo envía respuestas positivas. Las células procuran sobrevivir y solo pueden hacerlo a través de la ayuda mutua. Hasta el dolor existe para alertarnos de las partes que necesitan atención.

Sin embargo, tenemos una increíble capacidad para las respuestas negativas. El cuerpo de todos nosotros ha sufrido por el conflicto y la confusión, el miedo y la depresión, la pena y la culpa que circulan por la mente. En parte lo reivindicamos como un derecho. Los seres humanos disfrutan llorando con una película triste, prestando atención a las desgracias de los demás o las catástrofes que tienen lugar en el mundo. El problema es que perdemos el control de las respuestas negativas. La depresión es tristeza fuera de control; la ansiedad, miedo que persiste sin que se sepa. Se trata de la parte más compleja de la conciencia contraída, ya que se puede tardar un minuto o toda la vida en alterar el circuito de retroalimentación del cuerpo. El estrés puede golpearnos instantáneamente o ir desgastándonos mes tras mes, pero la causa siempre es la misma: la conciencia se ha retirado a un círculo estrecho y se ha encogido para defenderse de algún tipo de amenaza.

La solución: Incrementa la respuesta positiva, tanto interna como externamente. Busca el apoyo de amigos y consejeros. Mira hacia el interior y aprende a liberar las energías negativas tales como el miedo y la ira. Nuestro cuerpo desea restablecer sus circuitos de retroalimentación debilitados o bloqueados. Cualquier cosa que aporte más información al cuerpo y la mente es beneficiosa.

Los desequilibrios no se detectan hasta que llegan a ser malestar o enfermedad

En Occidente tendemos a ver la salud como una bifurcación en el camino: o estamos enfermos o estamos sanos. Las dos opciones a las que se enfrenta la gente son: «estoy bien» o «tengo que ir al médico». Pero el cuerpo tiene muchas etapas de desequilibrio antes de que aparezcan los síntomas de enfermedad. La medicina tradicional oriental, como el *ayurveda*, detecta estos síntomas y trata los primeros indicios de desequilibrio. Es un enfoque más acorde con la naturaleza, porque la sensación de malestar de un paciente, incluso una vaga impresión de que algo no anda bien, sirve de guía fiable. Se calcula que el noventa por ciento de las enfermedades graves primero son detectadas por el paciente, no por el médico.

El desequilibrio abarca infinidad de cosas, pero sobre todo significa que el cuerpo ya no puede adaptarse, se ve obligado a aceptar un estado de malestar, dolor, funcionamiento mermado o paralización del mismo, dependiendo de la gravedad del problema. Si lo observamos a nivel microscópico, veríamos que los receptores de diversas células ya no envían y reciben un flujo constante de mensajes, sin los cuales la vida normal de una célula es imposible. Perder el equilibrio en realidad es tan complejo como mantenerlo (razón por la cual la cura para el cáncer, la más drástica alteración de la conducta celular, parece más lejana y complicada a medida que pasa el tiempo), pero un factor negativo fundamental es la conciencia. Estar bien empieza por ser consciente del cuerpo. No hay nada más sensible, y cuando la conciencia se retira o está bloqueada, el cuerpo pierde parte de su capacidad para conocerse y desaparece la percepción. Por muy precisas que sean las pruebas médicas, no hay sustituto a la percepción propia que funciona miles de veces por minuto en el sistema cuerpo-mente.

La solución: Rompe la dualidad «estoy bien» o «tengo que ir al médico». No solo hay blanco o negro, sino muchos matices de gris. Presta atención a las señales sutiles del cuerpo. Tómatelas en serio, no las pases por alto. Hay un amplio espectro de sanadores por imposición de manos, canalizadores de la energía y de terapias orientadas al cuerpo que tratan específicamente los sutiles desequilibrios físicos antes de que estos lleguen a la fase de enfermedad.

El proceso de envejecimiento produce miedo y pérdida de energía

Si envejecer fuera puramente físico, afectaría a la gente de igual manera en todo el mundo y en los diferentes períodos históricos, pero nada más lejos. El declive del cuerpo a lo largo del tiempo ha cambiado drásticamente según la época y el lugar. Hay individuos que escapan, e incluso revierten, cada síntoma del proceso de envejecimiento considerado normal en otras épocas. Por raro que parezca, hay personas que incluso han mejorado su memoria con la edad, otras se han hecho más fuertes gracias al ejercicio con ochenta y noventa años, e incluso algunas cuyos órganos funcionan como los de alguien diez, veinte y hasta treinta años más joven.

Físicamente, a pesar de los enormes avances en el campo de la salud pública que han ampliado nuestra esperanza de vida, el cuerpo en sí siempre ha tenido capacidad de ser longevo. Los paleontólogos han descubierto que los humanos de la Edad de Piedra morían debido a su exposición a los elementos, por accidentes y otros factores ambientales como las hambrunas, pero sin esas influencias externas, los hombres prehistóricos potencialmente podían vivir tanto como nosotros; solo hay que observar algunas sociedades tribales que viven al margen de la civilización moderna y que tienen individuos que alcanzan los ochenta y los noventa años.

Aquí tenemos otro aspecto en que el exagerado énfasis en la faceta física del envejecimiento resulta corto de miras. La creación de la «nueva tercera edad» en las pasadas décadas ha consistido fundamentalmente en un cambio de actitud y expectativas. Cuando se aparta a los mayores por inútiles y acabados, se los rechaza y aísla, estos se adaptan a las expectativas. Esperan pasivamente la decadencia y la muerte, y el declive se ajusta al modelo impuesto por la sociedad. La generación que se está haciendo mayor actualmente rechaza dichas expectativas. En una encuesta a hijos del *baby-boom*, cuando les preguntaban qué edad consideraban el comienzo de la vejez, la media respondió que... ¡los ochenta y cinco años! La gente espera estar sana y activa hasta mucho después de los setenta. En general, esta nueva esperanza se está haciendo realidad.

Si alguien objeta que los avances en el tratamiento médico de las personas mayores es la causa principal de lo mucho que vivimos, se me ocurren dos respuestas. Primero, tales avances fueron posibles solo a partir del momento en que la medicina dejó marginar a los ancianos. Segundo, los médicos siguen yendo muy por detrás del público en cuanto a dedicación a la nueva tercera edad, como lamentablemente demuestra el pequeño número de estudiantes que eligen la gerontología como especialidad. Pero sin duda, tanto si se examina a nivel personal como social, el estado de conciencia afecta completamente el proceso de envejecimiento.

La solución: Incorpórate a la nueva tercera edad. Hay recursos para esta etapa en todas partes, así que la falta de apoyo no es el problema; lo fundamental es la inercia y la propia respuesta. Aislarse y estar solo no es algo que sucede a la mayoría de la gente de la noche a la mañana. La pasividad y la resignación se afianzan a lo largo de los meses y los años. El período de la mediana edad tardía (que hoy en día se ha ampliado de los cincuenta y cinco a los setenta años, si no más) te da tiempo para construir tu propia tercera edad, basada en la primera mitad de la vida, no para los años de declive, sino para renovar valores internos que se pueden expresar en una actividad más sabia y plena.

La muerte es la perspectiva más aterradora de todas

La última frontera para ser conquistada por la conciencia es la muerte. Es inevitable, y casi todos evitan pensar en ella. Sin embargo, a un nivel más profundo, morir parecería ser inmune a la conciencia. A fin de cuentas, ¿acaso cuando muere el cuerpo no perece también la mente? ¿Para qué sirve ser consciente de ello, del final de la propia conciencia? La respuesta, claro, es la supervivencia después de la muerte. La gran promesa de la otra vida queda resumida en las tentadoras palabras de san Pablo: «¿Dónde está, oh muerte, tu aguijón? ¿Dónde, oh sepulcro, tu victoria?»Casi todas las religiones del mundo se hacen eco de la misma promesa: que la muerte no tiene la última palabra.

Pero las promesas de futuro poco sirven para aliviar los miedos que nos aquejan aquí y ahora. Si tenemos miedo a morir, la ansiedad probablemente esté escondida; tal vez lo neguemos o rechacemos la idea de que es un tema importante. No se ha diseñado prueba médica alguna para demostrar de qué forma las células se ven afectadas por un miedo en concreto; por ejemplo, el miedo a la muerte como algo distinto del miedo a las arañas. Pero si tomamos un poco de distancia, la influencia más determinante en toda nuestra vida empieza por la forma en que nos sentimos con respecto a la vida y la muerte. Cuando se define el bienestar en términos holísticos, es innegable que el miedo a la muerte tiene consecuencias tales como sentirnos inseguros en el mundo, estar constantemente alerta de las amenazas y considerar que la muerte es más poderosa que la vida. Solo si se cambian radicalmente estas consecuencias puede existir una sensación de bienestar profunda.

La solución: Experimenta el sentido de la trascendencia. Trascender es ir más allá del estado corriente de vigilia. Es algo que haces ya de por sí a través de la fantasía, el soñar despierto, las ideas de futuro, la imaginación y la curiosidad por lo desconocido. Si llevas el proceso un paso más allá, a través de la meditación, la contemplación y la autorreflexión, puedes expandir la conciencia hasta llegar a una experiencia de conciencia pura. Una vez establecido allí, el miedo a la muerte es reemplazado por el conocimiento del estado de inmortalidad. Eso es lo que san Pablo quería decir con «morir a la muerte». Ya no sigues alimentando los miedos ni dándoles vida, sino que activas el nivel de conciencia más profundo y a partir de ella te nutres de vida.

La enfermedad y los trastornos deben curarse. Sin embargo, a lo largo de la vida, la clave del bienestar son las habilidades personales para hacer frente a las cosas. Si ellas son deficientes, te conviertes en presa fácil de cualquier accidente, dificultad o desastre, pero si son sólidas, te vuelves resistente a las desgracias, y la resistencia es una característica que siempre está presente en las personas que viven hasta una edad avanzada y con una sensación de realización.

La capacidad de abordar las cosas empieza en la mente. El estado de conciencia es la base de todos los hábitos y actitudes mentales. A partir de ahí se desarrolla la conducta de una vida entera. La conciencia contraída limita gravemente la conducta; en última instancia esa es la razón de que la gente se entregue a actividades que ponen en peligro su salud. No ven la salida porque están atrapados en una visión muy limitada de las posibilidades. En los siguientes capítulos, ampliaremos el tema de la capacidad de abordaje. Lamentablemente, la mayoría de la gente no se ve a sí misma de esta manera ni ha descubierto dónde radica su enfermedad y sus trastornos. La recomendación habitual de mejorar nuestro estilo de vida es válida, pero cuando las personas acceden a la auténtica fuente de toda realización, les espera un nivel de bienestar mayor.

El éxito

El éxito se persigue con tanto afán que cualquiera diría que es algo que se comprende perfectamente. Por lo general, se considera que algunas ventajas —haber nacido rico, ir al colegio adecuado, tener contactos sociales y laborales— son las claves del éxito. Pero las investigaciones ponen en tela de juicio estos factores, ya que no predicen muy bien el éxito. Además, algunas personas muy exitosas llegan a la cima sin ninguna ventaja externa. Cuando se les pregunta cómo lo han hecho, el factor más común que suelen mencionar los empresarios punteros es la suerte: estaban en el lugar adecuado en el momento correcto. Esto implica que si uno quiere triunfar, lo mejor que puede hacer es ponerse en manos del azar.

Pero si hay mejores métodos de alcanzar el éxito, primero deberíamos preguntarnos qué es el éxito. Una definición sencilla que se abre paso en medio de la confusión es la siguiente: el éxito es el fruto de una serie de buenas decisiones. Alguien que toma buenas decisiones en la vida va a obtener un resultado mejor que alguien que toma decisiones malas. Esto resulta válido a pesar de las dificultades y fracasos a lo largo del camino. Como todas las personas con éxito atestiguan, el camino al triunfo estuvo marcado de fracasos eventuales, de los que aprendieron lecciones positivas que les permitieron seguir avanzando.

¿Qué influye, entonces, en una buena decisión? ¿Qué decisiones aseguran un resultado positivo? Entramos ahora en el meollo del misterio, porque no hay fórmulas para las buenas decisiones. La vida es dinámica y está en constante cambio. Las tácticas que funcionaban el año pasado, o la semana pasada, con frecuencia ya no funcionan porque han cambiado las circunstancias e intervienen variables ocultas. No hay fórmulas para responder a lo desconocido y, a pesar de todos nuestros esfuerzos por analizar lo que está pasando hoy, no hay manera de evitar el hecho de que el mañana sea desconocido. Y lo desconocido en sí constituye un misterio. Los misterios son entretenidos en la ficción, pero en la vida real producen una mezcla de ansiedad, confusión e inseguridad.

La forma en que tratemos con lo desconocido determinará lo buenas que sean nuestras decisiones. Las malas decisiones son el resultado de aplicar el pasado al presente, tratando de repetir algo que funcionó en otro momento. Las peores decisiones se toman aplicando el pasado con tanta rigidez que nos cegamos ante cualquier cosa nueva. Si desglosamos los detalles de las malas decisiones, lo que vemos es que cada factor está arraigado en la conciencia contraída. Esta, por naturaleza, es rígida, defensiva, de alcance limitado y dependiente del pasado. El pasado es conocido, y cuando la gente no puede enfrentarse a lo desconocido no tiene mucha más alternativa que recordar el pasado y usar como guía decisiones y hábitos viejos, una guía que resulta muy falible.

La solución a cada factor que nos frena es expandir la conciencia y dejar atrás las limitaciones para descubrir una visión más clara del problema. Antes de leer la siguiente lista, piensa en alguna decisión muy mala que hayas tomado —en el terreno de las relaciones emocionales, el trabajo, la economía o cualquier otro ámbito importante— y cotéjala con los aspectos de la conciencia contraída que se aplicaron a la toma de dicha decisión.

EXAMINAR LAS MALAS DECISIONES DEL PASADO

¿Tenías una visión limitada del problema al que te enfrentaste?

¿Actuaste por impulso a pesar de tu criterio?

En lo profundo de tu mente, ¿tenías miedo de estar tomando la decisión equivocada?

¿Cuántos obstáculos se presentaron como por arte de magia que no estaban previstos de antemano?

¿Se interpuso tu ego y te convirtió en víctima del falso orgullo?

¿No querías ver cuánto había cambiado la situación?

¿Te centraste demasiado en aparentar tener el control? A un nivel más profundo, ¿sentiste que perdías el control?

¿Hiciste caso omiso a otra gente que trató de detenerte o que cambiaras de idea?

¿Pasaste por alto una intención oculta, como la de querer fracasar para no tener que asumir toda la responsabilidad?

El propósito de este cuestionario no es desanimarte, sino al contrario. Al sacar a la luz las desventajas de la conciencia contraída, las ventajas de la conciencia expandida quedan perfectamente claras. Analicemos cada factor por separado.

Perspectiva limitada

En cualquier situación, nunca tenemos suficiente información. En las decisiones difíciles intervienen demasiadas variables. Como todos tomamos decisiones que no se basan en un conocimiento total, nuestra perspectiva limitada nos perjudica. Hasta cierto punto, esas limitaciones se pueden superar aprendiendo más sobre la situación, y hacerlo resulta valioso, por lo menos en lo que respecta a las soluciones racionales. Pero imaginemos que elegimos a la pareja de nuestra vida leyendo primero toda su historia detalladamente, sin pasar por alto ni un solo día desde que nació. Imaginemos escoger un trabajo analizando primero todas y cada una de las decisiones empresariales tomadas por nuestro futuro empleador. Cuantas más variables tratamos de tener en cuenta, más ambiguo parece todo.

La solución: Ten en cuenta solo la información que afecta al éxito o al fracaso. No existe un modelo racional para hacerlo, pero a un nivel de conciencia pura se computan todas las variables al mismo tiempo. Cuando se expande la conciencia, no te hace falta clasificar un montón de factores confusos. Los esenciales para tomar una buena decisión llegan a la mente desde una fuente que está dentro de ti, no en el entorno.

La impulsividad

Actuar por impulso es algo emocional y casi todas las malas decisiones son impulsivas. Esa parte no es un misterio (la estrategia del: «carguen, fuego, apunten»). Convertir la toma de decisiones en un proceso racional es el santo grial de muchos investigadores, que consideran las emociones y las inclinaciones personales el enemigo de las decisiones lúcidas. Pero esos esfuerzos siempre fracasan porque las emociones forman parte de todas las decisiones. Si estás de buen humor, probablemente pagarás demasiado por un artículo, lo comprarás por capricho, exagerarás lo mucho que te servirá en el futuro y estarás ciego a todo lo negativo.

La respuesta habitual a la tendencia emocional es el control del impulso. Poder controlar nuestros impulsos está considerado el aspecto fundamental de la inteligencia emocional. Aparentemente esto se puede predecir desde muy temprana edad. En un experimento se le dice a un niño que le van a dar un caramelo ahora mismo, pero que si espera quince minutos, le darán dos. Solo un porcentaje mínimo de niños pequeños opta por lo segundo, pero aquellos que lo hacen es muy probable que tengan un buen control de los impulsos durante el resto de su vida. Pueden diferenciar la gratificación instantánea de la demorada, y eligen esta última. El círculo vicioso es que cuanto mejor controlemos nuestros impulsos, menos confianza tendremos en las decisiones repentinas, y estas resultan frecuentemente las más adecuadas. Pararse a analizar una decisión tiende a llevar a las peores decisiones, no a las mejores.

La solución: Saber cuándo hay que decidir ahora y cuándo hay que hacerlo más tarde. No es algo que se ajuste a un modelo en concreto. Algunos impulsos producen buenos resultados; otros, desengaños. A un nivel de conciencia pura, los impulsos están en línea con los futuros resultados, lo que significa que lo que deseas hacer en este preciso instante resultará lo conveniente para el futuro. Con la conciencia expandida, tienes espontáneamente el impulso adecuado, y, si no es así, instintivamente reconoces que debes parar y reconsiderarlo.

El miedo al fracaso

Se cree que los buenos tomadores de decisiones son audaces e intrépidos. Basándonos en esa idea, la mayoría fingimos y tratamos de parecer más seguros de nosotros mismos de lo que en realidad somos. Los grandes fraudes de la historia se llevaron a cabo gracias a una apariencia de completa seguridad en uno mismo. Pero en realidad las decisiones más trascendentales se toman con miedo y ansiedad; un vistazo a las fotografías de Lincoln durante la guerra de Secesión o de Winston Churchill durante los bombardeos de la segunda guerra dan cuenta de su depresión, preocupación y pesar.

Cuando el miedo es un factor ineludible, la auténtica pregunta es cómo evitar que destruya nuestra claridad mental. Alguien cegado por el miedo suele sentir, a nivel emocional, que debe actuar movido por un impulso poderoso, ya que está demasiado asustado para tomar otra decisión. Y aún más insidioso es el miedo oculto, porque podemos tomar la misma mala decisión que alguien lleno de ansiedad, pero nos engañamos creyendo que no lo es-

tamos. La paradoja aquí es que elegimos líderes que actúan con la mayor seguridad, pero casi con toda certeza
toman malas decisiones debido a su falta de autoconocimiento.

La solución: Busca en qué nivel interior realmente no
tienes miedo. Este nivel está muy dentro de ti. La mente,
en la superficie, está agitada, convulsionada por los efectos de la ansiedad. A un nivel todavía más interno, la voz
del miedo habla continuamente de riesgos, fracasos y las
peores probabilidades. En el siguiente nivel hay otras voces que exponen los argumentos de la realidad y señalan
que el miedo es convincente, aunque no siempre tiene razón. Solo cuando logras trascender este nivel llegas a tu
verdadero yo, que analiza cada situación sin miedo. Esto
se debe a que el miedo viene del pasado y surge del recuerdo del dolor. El yo verdadero vive en el presente, por
lo tanto no tiene contacto con las viejas heridas. Puede
ver con claridad los riesgos y las malas perspectivas —no
los niega ni los pasa por alto—, pero el ver los aspectos
negativos y reconocerlos no significa que estén teñidos
de miedo.

Los obstáculos y contratiempos imprevistos

En el estado de conciencia contraída, la inseguridad es
el enemigo. No sabemos cómo se van a comportar los demás, y aunque nos hagan una declaración jurada con la
promesa de que van a actuar de determinada manera, ellos
tampoco saben cómo se comportarán en el futuro. La sociedad es un flujo constante entre cosas más o menos estables y otras que nadie puede prever. La llamada teoría

del cisne negro* incluso sostiene que la historia está mucho más determinada por acontecimientos totalmente sorprendentes y anómalos que por cualquier cosa previsible. Los individuos al parecer sienten lo mismo con respecto a su propia biografía. Como ya he mencionado, las personas más exitosas deben su triunfo, tal como ellos mismos lo ven, a la buena suerte.

Sin embargo, la mala suerte, o no tener suerte en absoluto, es más común que la buena suerte. La popularidad de la ley de Murphy se debe a la inevitabilidad de los obstáculos, aunque en realidad no exista una ley natural que diga que si algo puede salir mal, así será. El pesimismo ciego es tan poco realista como el optimismo ciego. Pero buena parte del éxito tiene que ver con la capacidad de enfrentarse a contratiempos imprevisibles. Los mejores matrimonios no tienen nada que ver con ser perfectos, sino con las habilidades para hacer frente a las cosas. Todo el mundo tiene derecho a comportarse erráticamente y, cuando esto trae aparejado conflictos, exigir que los demás hagan lo que es debido y se comporten previsiblemente no funciona. Y funciona menos aún retirarse de la vida porque no podemos aguantar los palos.

La solución: Haz de la inseguridad tu aliado, no tu enemigo. Cualquier salto adelante depende de llegar a lo desconocido. Cuando ves lo desconocido como una fuente de creatividad, no solo dejas de tenerle miedo, sino que agra-

---

* Teoría creada por Nassim Nicholas Taleb en su libro *El cisne negro: el impacto de lo altamente improbable* en el que señala que nuestro mundo está dominado por lo extremo, lo desconocido y lo muy improbable y advierte del error de examinar el futuro analizando el pasado. *(N. de la T.)*

deces el hecho de que la vida se renueve de forma inespe-
rada. Sin embargo, no es una actitud que puede aplicarse
de forma arbitraria. Los obstáculos imprevistos reflejan
una genuina incapacidad para ver más profundamente; y
aquello que no puedes ver no tiene fuerza para ayudarte.
Hace falta una conciencia expandida para abrir el canal hacia la creatividad subyacente que hay dentro de ti.

El ego

Si quieres que los demás te sigan, tendrás que parecer
la octava maravilla. Cuanto mayor sea tu ego, más gente
querrá usarte como paraguas. La naturaleza humana parece obligar a aquellos que se sienten débiles a renunciar
incluso al resto de su fuerza. Pero para la toma de decisiones, el ego es casi tan malo como el miedo. Uno sobrees-
tima los peligros, mientras que el otro no admite que el peligro exista. Bajo el dominio del ego, una persona debe
actuar constantemente. Una cosa que el ego hace muy bien
es crear una imagen, y las imágenes exigen que uno mon-
te una escena que los demás se crean.

Dedicar tanta energía a ser un triunfador, y bastante
más a mantener a raya las propias dudas, es agotador.
Cualquiera que haya estado cerca de los famosos de la *jet
set* conoce la irrealidad que los rodea y sin realidad no hay
una base para tomar buenas decisiones. Irónicamente, los
famosos toman decisiones malas porque aquellos que están a su alrededor dicen que sí a todo. La libertad sin límites es un estado espiritual, pero cuando el ego pretende no
tener límites no es libre, sino que está atrapado en la ilusión.

La solución: Actúa desde el yo verdadero, en el que el «yo» ya no es algo personal. El ego de tu yo verdadero, en cambio, es sencillamente un centro de percepción: ya tiene un punto de vista único sin necesidad de invertir más en él. A medida que se expande la conciencia, no es que muera el ego, sino que cambia de trabajo. El viejo era cuidar al número uno; el nuevo es estar atento a toda la situación en conjunto. Ya no tienes un interés tan personal en el mundo. Nuestro objetivo es beneficiarnos pero sin hacer daño a los demás. Lo ideal es que lo que desees beneficie a todos. Sin embargo, ese ideal solo se alcanza en el nivel de conciencia pura. En el resto de los niveles hay dualidad, y con la dualidad se produce un choque entre «yo» y «tú» cuando actuamos por puro interés personal y aislado. En la conciencia expandida damos un paso más hacia la unificación de la dualidad y, a medida que esto sucede, el conflicto entre seres separados empieza a resolverse.

La falta de disponibilidad a cambiar y adaptarse

Como hemos visto, la adaptación llega naturalmente al cuerpo. Para que una célula sobreviva, debe responder a los mensajes que le llegan en este preciso instante. Nuestra mente, sin embargo, no se siente cómoda viviendo completamente en el ahora. Como una oruga que tiene la mitad de su largo cuerpo en una hoja mientras pasa a la siguiente, dependemos del pasado para que nos guíe en el presente. Esta táctica funciona en situaciones en las que hay que recordar una habilidad; sería inútil decidir que conducir un coche es algo que se debe aprender todos los días. Evidentemente todo conocimiento es una acumulación; se construye sobre el pasado para saber más del presente.

Donde surge el problema es en el terreno psicológico. El pasado es un enemigo psicológico cuando «enseña» que las viejas heridas, humillaciones y fracasos son importantes en el presente. La mayoría de las personas conoce el valor de la adaptabilidad. Muy pocos anunciamos en una reunión que somos rígidos; todos somos flexibles de la boca para afuera. Aun así, tomamos decisiones basándonos en el pasado, lo que significa que detrás de toda mente abierta hay otra cerrada a cal y canto.

Una mente cerrada no es como un puño apretado, que se puede abrir a voluntad. Algo dentro nos dice que hemos de mantenernos cerrados. Es difícil entenderlo cuando no se trata de algo que nos afecta. Si uno no tiene un fanatismo racial, étnico o religioso, no puede comprender fácilmente que los prejuicios se tienen involuntariamente. No se puede elegir. La realidad en sí está dictada por los prejuicios, por lo tanto la mera visión de alguien de otra raza, religión u origen étnico está imbuida de creencias cargadas de prejuicios. De la misma manera, la fusión del pasado y el presente en nuestra mente tiene lugar de forma inconsciente. Y lo que es aún más insidioso, el pensamiento rígido actúa como una muralla que convierte a las ideas nuevas en amenazas, por la única razón de que son nuevas. Abandonar las viejas formas de ser equivale a una derrota personal o a exponerse al enemigo.

La solución: Vive desde el nivel del yo que está siempre presente. No puedes desear que desaparezca el pasado. Todo el mundo arrastra el peso de la memoria. Aunque logres borrar tus heridas y fracasos, es imposible entregarse a una amnesia selectiva, ya que también perderías los aspectos positivos de tu pasado, incluidos la educación emocional, el crecimiento personal y el conocimiento acumulado. Los recuerdos, para bien o para mal, están mezclados con el yo personal. Por suerte, el yo verdadero no tiene por qué sentirse culpable de la experiencia personal. Existe en y a partir de sí mismo, es el vehículo de la conciencia pura. Cuanto más se expande la conciencia, menor es el peso del pasado. Uno descubre espontáneamente que la atención se centra en el presente, del que surgen todas las posibilidades creativas.

La pérdida de control

Tener las riendas es un asunto espinoso. Algunas personas que psicológicamente forman parte de la categoría de controladoras, no se sienten cómodas ni siquiera con una pequeña dosis de caos e imperfección. Se pasan de la raya tratando de dominar su entorno y a los demás. Hay otras personalidades que ignoran lo que es el autocontrol y crean un entorno casi sin límites ni estructuras. Ambos son ejemplos de conciencia contraída, cada uno de una manera diferente.

Los problemas surgen cuando se pierde el control o, por el contrario, se convierte en algo demasiado dominante. La mayoría rechazaríamos cualquier posibilidad que dejara fuera al autocontrol. Para algunos eso significa saltar de un avión en paracaídas, para otros invertir dinero en empresas arriesgadas como pozos petrolíferos. El riesgo y el control son primos hermanos. Cuando nuestra tolerancia al riesgo se ve superada, ¿qué sucede?, que el riesgo racional se convierte en cambio en una amenaza, y las amenazas nos hacen sentir que hemos perdido el control. Cuanto más contraída está la conciencia, menos fiable es la percepción del riesgo, por lo tanto nos sentimos exage-

radamente amenazados, incluso por riesgos insignifican-
tes, y acabamos por tomar decisiones muy limitadas. Pa-
radójicamente, en el momento en que de verdad nos
sentimos paralizados es muy probable que actuemos de
forma temeraria. Una decisión precipitada, casi siempre
mala, surge de querer escapar al estrés de no tomar ninguna.

La solución: Reemplaza el riesgo por la certidumbre.
Uno no se preocupa por perder el control si no se siente
amenazado. Cuando estás seguro de ti mismo, las amenazas externas dejan de existir, porque amenaza es lo mismo
que miedo, y cuando uno sabe quién es no tiene miedo.
Eres tu yo verdadero. La conciencia expandida nos acerca al yo verdadero y, por lo tanto, el miedo disminuye. Y
cuando eso sucede, el problema del control se atenúa y, en
su lugar, se experimenta una mayor libertad. Permites que
la realidad trascienda el control —donde, por cierto, siempre ha estado— y te sientes cómodo sumándote a ella.

La oposición de los demás

Se toman malas decisiones cuando no se sabe a quién
hacer caso; y las peores, cuando ni siquiera se puede decidir en quién confiar. Siempre habrá opiniones contradic-
torias; de hecho, el acuerdo total es sospechoso cada vez
que ocurre. Alguien no dice la verdad. Al enfrentarse a
opiniones muy diferentes, la mayoría de la gente elige
aquellas con las que ya estaba de acuerdo. Si examinamos
las veces en la que pedimos consejo de verdad, probablemente veremos que lo que en realidad queríamos era permiso para actuar de la forma en que en todo caso íbamos

a hacerlo. La motivación no era procurar el mejor consejo, sino sentirnos bien con determinada decisión que contenía un elemento de duda, vergüenza o culpa.

La conciencia contraída produce aislamiento. Uno está
más solo cuando sus ideas y creencias son completamente
privadas. Uno de los efectos del aislamiento es que los demás parecen muy lejos. No logramos llegar a ellos y, a veces, ni siquiera encontramos la manera de comunicarnos
con los otros. El ejemplo más común son los adolescentes,
que se aíslan de sus padres al pasar de la dependencia de la
infancia a la independencia adulta. La adolescencia es el
limbo entre esos dos estados, en el que nadie parece estar
de tu parte, salvo otros adolescentes. Pero el aislamiento de
la tercera edad se parece al adolescente en la misma actitud
de «nadie me entiende» (una de las razones de que los ancianos sean a veces el único refugio de los adolescentes).

La solución: Trata de comprenderte completamente a
ti mismo. Es inútil procurar que los demás te entiendan
del todo. Nadie tiene tiempo de entender de dónde vienes,
salvo de una manera bastante superficial. Y aunque te to-
maras la molestia de estar con la persona más empática del
mundo, alguien deseoso de comprender hasta el último
detalle de ti, ¿qué se conseguiría? Tener un conocimiento
completo de una persona construido a partir de circunstancias azarosas del pasado, un conjunto destartalado y
chapucero de viejas experiencias. Comprenderte de verdad a ti mismo es conocer tu yo verdadero, y a partir de
allí surge la confianza plena en ti mismo. Cuando posees
dicha confianza, no ves las opiniones de los demás como
una amenaza y dispones de una guía interna y fiable que
te permite sopesar con ecuanimidad, sin una exagerada
parcialidad personal, qué te dicen las voces en conflicto.

Y, más importante aún, esas otras voces serán mucho menos polémicas. El secreto de funcionar a partir de la conciencia expandida es que ya estás alineado con la decisión correcta. Como los demás lo perciben, están por lo tanto más dispuestos a cooperar.

Las intenciones personales ocultas

La mayor parte de los adultos tiene suficiente experiencia como para darse cuenta de cuando alguien tiene intenciones ocultas. Por lo general, estas entran en categorías previsibles. Hay personas que dan y otras que toman, tímidas o ambiciosas, egoístas o generosas. Para la sociedad es fundamental que se vean nuestras intenciones; de lo contrario, la duda y la sospecha tienen un papel demasiado importante. La cooperación se viene abajo cuando no podemos confiar en las intenciones de los demás. En el fondo, nuestro móvil tiene que ver con conseguir lo que queremos: hacer los sueños realidad.

El problema es que algunas intenciones son ocultas, incluso para la persona que las tiene. Estamos atrapados entre el «debo» y «no debo». Si quieres caer bien o sentirte incluido, quizá no te des cuenta del efecto tan poderoso sobre ti que tiene este «debo», pero si te piden que despidas a un empleado, decir que no a un hijo adulto que te pide dinero o adoptar una postura impopular sobre las bodas entre personas del mismo sexo, por ejemplo, tus intenciones ocultas harían difíciles esas acciones, por no decir imposibles. O pensemos en los avaros, las personas habitualmente tacañas. Lo que está oculto es el miedo interno a las situaciones de carencia, y, como ese miedo no se pone en tela de juicio, uno se deja llevar por él. No hay acumulación ni tacañería que compensen la percepción de carencia, que es algo psicológico, no material. Todas las intenciones ocultas son psicológicas y, sean las que sean, provocan malas decisiones por el estado de contracción del que proceden.

La solución: Renuncia a tus intenciones ocultas, para lo cual primero hay que sacarlas a la luz. Luego debes zambullirte en el abismo y ver qué se esconde debajo; por lo general casi siempre es miedo. El miedo es la fuerza más poderosa para contraer la conciencia de cualquiera; exige que nos retiremos, que levantemos barreras y nos defendamos. Pero es mucho más fácil renunciar a las intenciones ocultas si expandimos la conciencia. Sacar a la luz siempre es mejor que combatir a la oscuridad. El yo verdadero es la fuente de luz, y necesitamos descubrir que ese yo verdadero está disponible. No hay nada más cierto que la enseñanza de Jesús: «Tú eres la luz del mundo»; sin embargo, parece más fácil creer que la luz proviene de fuera. Por suerte, la luz es intemporal y, aunque te apartes de ella, tu yo verdadero nunca deja de enviar mensajes.

El éxito, en última instancia, es vivir permanentemente en medio de la luz; allí no hay límites rígidos, no hay miedos ni limitaciones. Como con todo, el eje de nuestra vida es darnos cuenta de quiénes somos. Una vez que nos instalamos en nuestro propio ser, las luchas que dificultan el éxito se desvanecen. La próxima vez que tengas éxito en algo, aunque sea en sonreír a un niño o en apreciar una puesta de sol sobre el mar, recuerda que has dado un paso más hacia la auténtica medida del éxito: la conciencia pura que no solo es tu propia fuente sino la de toda felicidad que experimentes.

LA ESENCIA

Según los indicadores ordinarios, el éxito es imprevisible. Son muchos los factores que lo producen, y algunos, como el momento y el lugar oportunos, se nos antojan fortuitos. Pero ¿qué es el éxito? Una serie de decisiones que producen un resultado positivo. Si se logra potenciar la toma de decisiones, el éxito resulta mucho más probable.

Es improbable que las decisiones basadas en la conciencia contraída salgan bien, por los siguientes inconvenientes:

Perspectiva limitada.
Impulsividad.
Miedo al fracaso.
Obstáculos y dificultades imprevistas.
Ego.
No estar dispuesto a cambiar ni a adaptarse.
Pérdida de control.
Oposición de los demás.
Intenciones personales ocultas.

Con la expansión de la conciencia, empiezan a disminuir los inconvenientes y las decisiones comienzan a basarse en un nivel más profundo. En la conciencia pura, todas las decisiones están en armonía con el universo y las leyes subyacentes que rigen tanto el mundo interno como externo.

El crecimiento personal

Acercarnos a nuestro yo verdadero tiene muchos beneficios prácticos. Hasta ahora nos hemos centrado en la parte práctica porque es fundamental que la espiritualidad resuelva los problemas reales a los que se enfrenta la gente. Pero si eres un padre o una madre que está educando un hijo, sería corto de miras pensar que caminar, hablar y leer son solo cosas prácticas. No decimos a un niño pequeño: «Ponte a caminar que quizá necesites correr para alcanzar el autobús que te lleva al trabajo.» Pasar de la tierna infancia a la niñez, de la adolescencia a la vida adulta es valioso en sí mismo. La vida se despliega en toda su riqueza a medida que nosotros también nos desarrollamos. Los mundos internos y externos se funden en un solo proceso llamado vivir.

La espiritualidad tiene un valor en sí misma, por no mencionar todas las consideraciones prácticas. Cuando estamos solos, sin problemas ni crisis, la situación no exige soluciones. Sin embargo, la necesidad de espiritualidad es mayor que nunca. Cuando analizamos qué significa el mero hecho de existir, el yo verdadero nos invita a acercarnos porque nos puede decir quiénes somos de verdad;

y no hay nada más valioso. Se trata de una declaración grandilocuente, lo sé. Cualquiera puede pasarse tranquilamente la vida ignorando el enigma de «¿quién soy?». O, para ser más precisos, la gente responde a esa pregunta identificándose con el yo cotidiano. El «soy» puede estar seguido de infinidad de palabras que se aplican a la existencia corriente. Soy mi trabajo, mis relaciones, mi familia. Soy mi dinero y pertenencias, mi condición e importancia. En la ecuación se puede añadir raza, origen étnico, ideología política y religión. La vida cotidiana es una maleta extensible repleta de las ideas, sentimientos, recuerdos y sueños que tuvimos en algún momento.

Pero a pesar de todo, el yo verdadero permanece intacto. El alma, la esencia, el origen, o sea cual sea el nombre del ser más profundo, no se despliega sin crecimiento personal. La espiritualidad es voluntaria, y, en el mundo moderno, la amplia mayoría opta por omitirla. Ahora que ya hemos repasado las razones prácticas para no hacerlo, ha llegado el momento de ver si vale la pena que el yo verdadero busque su valor intrínseco, más allá de lo que pueda lograr. Tampoco necesitamos nobles ideales, sino experimentar el yo auténtico y decir: «lo prefiero a mi yo cotidiano». Interviene un nuevo tipo de autoestima y una forma de amor más elevada. Cualquiera que tenga la posibilidad de sentirlo elegirá el gozo de la mera existencia a los altibajos de la vida corriente, a la felicidad frágil que va siempre acompañada de tristeza, ansiedad y desilusión.

El yo cotidiano está siempre repleto de experiencias. Llegar a un nivel más profundo exige un proceso que nos eleve. Debemos orientarnos diariamente a crecer en los siguientes aspectos:

Un camino hacia el yo verdadero

Madurez: desarrollarnos para ser adultos independientes.

Propósito: descubrir una razón para estar aquí.

Visión: adoptar una cosmovisión según la cual vivir.

«Segunda atención»: ver con los ojos del alma.

Trascendencia: ir más allá de la mente inquieta y los cinco sentidos.

Liberación: ser libre de la «ilusión de la realidad».

Tu éxito en estos aspectos dependerá de tus auténticos deseos de desarrollarlos. Para el crecimiento personal intervienen las mismas cosas que para aprender a tocar el piano o dominar la cocina francesa: deseo, motivación, práctica, repetición y disciplina. Es tu vida la que quieres transformar. No era habitual oír hablar a alguien de la generación pasada de crecimiento personal en estos términos. «Descubrir el propio y auténtico potencial» era apenas un eslogan emergente junto con «toma de conciencia». ¿Podemos decir que alguna de estas dos frases enseñaba a la gente cómo alcanzar el objetivo? ¿Conseguían los miles de aspirantes transformarse a sí mismos? Lamentablemente, la respuesta solía ser no. Para tener éxito, hay que adquirir una característica que nos proteja de la volubilidad, la ilusión, la autocompasión y la pérdida de motivaciones, que se llama sobriedad. La sobriedad es una combinación de intenciones serias y realismo. Es un estado de conciencia expandida que debe cultivarse. Si no recorremos ese camino, nos quedaremos en un estado de conciencia contraída del tipo que se conoce como existencia cotidiana.

Intentemos, pues, aplicar la sobriedad a cada uno de los puntos de la lista anterior.

La madurez

La madurez es un estado psicológico, no físico. Implica cosas tales como equilibrio emocional, independencia, moderación y capacidad de previsión. No se espera que los niños posean esas cualidades. Los adolescentes avanzan erráticamente hacia ellas. Si el viaje no se completa, uno puede tener cincuenta años y seguir viendo el mundo con la mente de un quinceañero. Las exigencias de la vida cotidiana tienden a actuar en contra de la madurez. Hay demasiadas distracciones y presiones que las personas pueden usar como excusa.

Hasta se diría que la sociedad actual devalúa la madurez. Los medios de comunicación crean la ilusión de que ser joven y estar en onda es mucho más divertido. En comparación, no llegar tarde al trabajo, o quedarse hasta después de hora para terminar una tarea, es mortalmente aburrido. Pero, en realidad, la juventud es una etapa de la vida en que las personas están más estresadas y ansiosas que en cualquier otra. La inmadurez empieza con la prometedora perspectiva de la juventud, pero a lo largo de los años va disminuyendo porque seguir siendo inmaduro es perderse la curva del aprendizaje que permite que nos hagamos dueños de nuestra vida. La palabra «madurez» no parece espiritual, pero el camino espiritual se volatiliza rápidamente a no ser que se base en la madurez psicológica.

Llegar a la madurez significa practicar a diario lo siguiente: asume la responsabilidad sobre ti mismo, hazte cargo de las necesidades de la vida sin depender de los demás, defiende valores morales y participa en mantener unida a la sociedad, empezando por su unidad básica, tu propia familia. Trata a los demás con respeto y espera lo mismo a cambio. Pórtate bien y trabaja por la justicia en todas las situaciones. Aprende el valor de la compostura y el dominio de ti mismo.

El propósito

Casi nadie diría que su vida no tiene sentido. No ponemos un pie delante del otro sin orden ni concierto. Nuestra vida gira en torno a objetivos a corto y largo plazo. Pero a pesar de ello, a un nivel más profundo, infinidad de personas se preguntan por qué están aquí. Miran con nostalgia ese pasado en que ser un buen cristiano, obedecer las leyes de Dios, obrar de acuerdo con la propia clase social o defender al país, entre otros muchos propósitos precocinados, bastaba para darle sentido a la vida. Ahora nos hemos quedado solos para encontrar, cada uno por su cuenta, nuestro propio propósito. Pero aquí la nostalgia está fuera de lugar. Lo cierto es que siempre ha habido que tratar de encontrar el auténtico sentido de la vida a través de una búsqueda personal.

Ofrezco el yo verdadero como un propósito al que vale la pena dedicarse. Sin llegar a tanto, se puede encontrar un sentido a la vida sencillamente creciendo y evolucionando. Observar un horizonte oculto podría ser un sentido tan profundo como alcanzar la iluminación. Es sano desconfiar de que nos digan cuál debería ser nuestro propósito en la vida. Lo máximo que deberíamos aceptar es inspiración, que también es lo máximo que uno puede dar. Lo importante es ser conscientes de nuestro propósito, sea cual sea. La existencia cotidiana tiende a desdibujar el sentido de estar aquí y lo llena de exigencias mundanas prácticas. La única forma de que sobreviva es prestarle mucha atención.

Alcanzar el propio propósito significa practicar a diario lo siguiente: haz por lo menos una cosa de forma desinteresada. Lee un pasaje de algún escrito sagrado, poesía o prosa inspiradora que te eleve. Comparte tus ideales con alguien receptivo. Expresa tu propósito sin hacer proselitismo, procura inspirar con modestia, no convencer por la fuerza. Ayuda a tus hijos a encontrar su propósito en la vida, demuéstrales que es importante. Actúa a partir de tus más altos valores. No te pongas al nivel de aquellos que te critican o están en contra de ti.

La visión

Cuando era joven, me obligué a aprender de memoria un verso del poeta Robert Browning que en los tiempos de nuestros abuelos casi todo el mundo sabía: «El alcance de un hombre debe exceder lo que le rodea, si no ¿para que está el cielo?» Aunque el contexto religioso se haya desvanecido, sigue siendo necesario tener aspiraciones. Nuestras más altas aspiraciones se comunican con el lado más visionario de nuestro yo verdadero. Por supuesto que hay aspiraciones prácticas, que no son visionarias, como aspirar a ser socio de un bufete de abogados o ganar un millón de dólares. Las aspiraciones materiales ocupan un lugar mental preponderante, pero para alcanzarlas la gente no llega al cielo ni a ningún otro lugar elevado. La brecha entre la vida cotidiana y el alma sigue siendo amplia. El ansia de algo más no se satisface.

Una visión es más amplia que un propósito, porque adopta una concepción del mundo que implica acción. Uno suele apartarse de la visión del mundo de aquellos que no comparten la misma visión. Recorrer el camino espiritual nos une a generaciones de visionarios. Sin embargo, no se puede montar dos caballos a la vez: hay que renunciar a las exigencias del mundo material, que no es lo mismo que renunciar a la comodidad y al éxito. Existe un tipo de visión que ve una separación tan grande entre lo mundano y lo espiritual que el materialismo se convierte en un enemigo del alma. Afortunadamente, hay otro tipo de visión que habla de renuncia, pero no a través de medios físicos sino de una nueva orientación. Uno valora sobre todo el crecimiento espiritual pero manteniendo la vida cotidiana, incluso entregándose plenamente a ella. Esto es lo que significa estar en el mundo pero sin que nos absorba.

Alcanzar la propia visión significa practicar a diario lo siguiente: observa el sentido más elevado de los sucesos cotidianos. ¿Qué está tratando de decirte el alma? Cuestiona tus propios hábitos de consumo. Pon el éxito material en el sitio que le corresponde. Ten tiempo para estar contigo mismo. Pon los propios valores a prueba confiando en que el universo o Dios cuidará de ti. Aprecia el momento presente. Mira a quienes te rodean como un reflejo de tu realidad interior. Lee a conciencia escritos sagrados o literatura que exprese tu visión.

La «segunda atención»

Estar en el mundo pero sin que nos absorba tiene que ser algo real, no ideal. Estamos sumidos en el mundo material y sus exigencias. ¿Cómo podemos ponerlo en el sitio que le corresponde y seguir ganándonos la vida, teniendo una familia y disfrutando de algunas comodidades? La respuesta está en el nivel de atención. Las cosas que consideramos más importantes atraen nuestra atención y, en esencia, se convierten en nuestro mundo, en nuestra realidad. Para alguien centrado en su carrera, el trabajo se convierte en su realidad porque es ahí donde pone su máxima atención. En la era de la fe, Dios se hizo real por la misma razón. La gente no necesariamente conocía a Dios personalmente o tenía experiencias divinas, pero todos los días pasaba horas dedicadas a la devoción o sirviendo a Dios.

En términos espirituales, este enfoque resuelto se llama primera atención. Pero hay una conciencia con otras características, por así decirlo, conocida como segunda atención. Con ella se mira a través de los ojos del alma. Para explicarlo sucintamente:

Primera atención: Con este nivel de conciencia una persona se centra en los acontecimientos del mundo físico, persigue deseos personales, acepta los valores sociales de la familia, el trabajo y la devoción, ve el mundo en términos lineales, funciona según las leyes de causa y efecto, y acepta los límites temporales y espaciales.

Segunda atención: Con este nivel de atención una persona trasciende el mundo físico, sigue su intuición y percepción, acepta que el alma es la base del yo, busca sus fuentes fuera del tiempo, aspira a estados más elevados de conciencia y confía en las fuerzas invisibles que conectan al individuo con el cosmos.

La segunda atención nos conecta con nuestro yo verdadero y nos lleva a la esencia de la realidad. Esta esencia es indestructible y no puede suprimirse. El alma espera su resurrección, no a través de un final apocalíptico, sino del comienzo del despertar de cada individuo.

Alcanzar la segunda atención significa practicar a diario lo siguiente: escucha la parte más silenciosa de ti mismo, confiando en la certeza de sus mensajes. Deposita menos confianza en el mundo físico y más en el interno. Aprende a centrarte. No tomes decisiones cuando no estás centrado. No confundas la acción frenética con los resultados; estos provienen de un nivel más profundo del ser. Relaciónate a nivel del alma por lo menos con una persona. Procura comuniones silenciosas contigo mismo y tu entorno. Dedica tiempo para estar en la naturaleza empapándote de su belleza. Observa debajo de la máscara de la personalidad que la gente lleva en público. Expresa tu verdad de la forma más sencilla posible.

La trascendencia

Trascender significa ir más allá, pero ¿cómo sabemos si lo hemos logrado? Cuenta una parábola de mi infancia que un sabio se sentó en una cueva hasta el momento de alcanzar la preciada meta de la iluminación. Impaciente por comunicar la buena nueva a los aldeanos del valle, baja de la montaña presa del gozo. Mientras cruza el mercado camino del templo, un hombre sin querer le da un codazo en las costillas. «¡Apártate de mi camino!», grita el santo varón enfadado. Luego se detiene, piensa durante un instante y da media vuelta para regresar de nuevo a la cueva.

Podría interpretarse como una parábola sobre el falso orgullo, pero también sobre la trascendencia. Si estamos de verdad instalados en nuestro yo verdadero, el bullicio del mundo cotidiano no nos afecta. Nos sentimos desapegados, pero no porque no nos importe o estemos al margen del entorno. El desapego emocional significa que vemos el mundo desde un lugar intemporal. Y ese sitio no se encuentra en una cueva o en la cima de una montaña remota, sino exclusivamente dentro de nosotros. En términos prácticos, trascender implica encontrar ese lugar, conocerlo y convertirlo en nuestro hogar.

Los métodos tradicionales para trascender llevan a la segunda atención. Se trata de la meditación, la contemplación y la reflexión sobre nosotros mismos. El paso del tiempo no ha hecho perder vigencia a estos métodos, pero indudablemente en la medida en que la vida moderna se torna cada vez más estresante y el mundo cotidiano cada vez más ruidoso y veloz, la gente tiene menos tiempo para la meditación. Incluso la posibilidad de sentarse tranquilamente unos minutos cada día se escabulle y se olvidan las buenas intenciones. Sería preocupante que no se consiguiera el crecimiento personal por distracciones externas. Sin embargo, el crecimiento personal no puede destruirse, sino solo postergarse. Siempre y cuando el yo verdadero sea real, nos sentiremos atraídos hacia él porque cada uno tiene en lo más profundo un anhelo de realidad. No queremos que nuestra vida se base en ilusiones. Por lo tanto, ir más allá no tiene que ver con ninguna práctica espiritual estructurada, sino con seguir la propia naturaleza mientras buscamos una mayor felicidad y realización. La práctica espiritual no tiene más valor que el de ser una ayuda para elevarnos y ayudarnos a conseguir nuestro objetivo.

Estoy completamente de acuerdo con la enseñanza de que la auténtica meditación se practica veinticuatro horas al día. Reservarse un rato para sentarse en silencio y experimentar un profundo estado interior tiene gran valor, pero cuando volvemos a abrir los ojos, renovados y más centrados, ¿de qué nos sirve lanzarnos de nuevo al estrés y la tensión? La cuestión fundamental es cómo trasladamos el silencio interior al mundo real para marcar la diferencia. Esa es la parte que requiere veinticuatro horas al día, ya que ser conscientes de quiénes somos en realidad es una ocupación a tiempo completo. También hay que añadir que es una ocupación feliz y el proyecto más fascinante que podríamos emprender para nosotros mismos.

Alcanzar la trascendencia significa practicar a diario lo siguiente: mantente centrado. Nota las influencias externas que te exigen atención. Cuando te dejes llevar por una emoción o impulso fuerte, tómate un momento para volver a ti mismo. Apártate de las situaciones estresantes siempre que puedas. No permanezcas en ninguna situación que te resulte tan incómoda como para no ser tú mismo. No cedas a la ansiedad de los demás. Ten en cuenta que eres algo más que una serie de reacciones al entorno: eres la expresión del yo verdadero, siempre. En todas las situaciones que te hagan sentir confuso, pregúntate: «¿Cuál ha sido mi papel aquí?» No actúes ni tomes decisiones hasta encontrar la salida. Mantente tranquilo hasta que la realidad empiece a revelarse un poco más.

La liberación

En términos espirituales se dice que la creación es el juego eterno de los opuestos: el bien contra el mal, la luz contra la oscuridad, el orden contra el caos. Sin embargo, en última instancia se trata de la ilusión contra la realidad. Nadie se levanta pensando que hoy va a ser un buen día para vivir de ilusiones. Damos por sentado que nuestra realidad es real y, por lo tanto, resulta desconcertante darse cuenta de que todo lo que vemos, oímos, tocamos, gustamos u olemos podría ser una ilusión. La ciencia moderna ya ha proporcionado una base para disolver el mundo físico. Todo objeto sólido desaparece en conjuntos invisibles de energía cuando entramos en el nivel subatómico, y, más allá, hasta la energía se desvanece en un constructo sin límites de tiempo y espacio: la llamada función de onda.

Si queremos llevar una vida basada en la realidad, el hecho de que el mundo físico sea una ilusión no puede tomarse como una mera curiosidad ni pasarse por alto mientras seguimos haciendo lo mismo de siempre. Así como se desvanece la materia cuando ahondamos lo suficiente, también lo hacen el tiempo y el espacio. Surgen del vacío cuántico, un vacío que aparentemente no contiene nada, pero que en realidad sirve de origen a todo suceso desde el Big Bang, junto con las posibilidades infinitas que aún no han emergido en el cosmos. En espiritualidad tradicional, el estado de posibilidades infinitas no es algo lejano ni inconcebible, sino la base propiamente dicha de la existencia.

El yo verdadero nos libera porque nos lleva más allá de los límites y nos coloca en una realidad intemporal, ilimitada y de posibilidades infinitas. Si queremos ser libres, todo el concepto de ilusión contra realidad debe pasar a ser algo personal (hablaremos más detalladamente de esta cuestión en el apartado final del libro). El primer paso es un momento de desilusión. Luego tomamos distancia y admitimos que no conocemos realmente la base de nuestra existencia. Si nos rendimos a lo que no conocemos, permitimos que el conocimiento fluya y nos penetre. Es el auténtico significado de la rendición. Somos como un prisionero que mira cuatro paredes estrechas iluminadas por un ventanuco en lo alto. El preso se enfrenta a la realidad si admite que está en prisión.

Pero ¿y si no lo hace? ¿Qué pasa si cree que la celda es el mundo entero? En ese caso, su noción de la libertad sería pura enajenación. La misma conclusión se aplica a cada uno de nosotros en nuestra vida limitada, sin embargo no nos consideramos locos. A fin de cuentas, todos los que conocemos aceptan el hecho de estar presos como algo normal. Solo un pequeño y extraño grupo de santos, sabios y visionarios claman por la libertad. Y cuando oímos ese clamor, nos acercamos al inicio de la transformación. La liberación es real porque la intemporalidad es real, más real que cualquiera de las cosas que los cinco sentidos detectan.

Alcanzar la liberación significa practicar a diario lo siguiente: observa más allá de la situación limitada. Toma como primer principio el de ser un niño del universo. Demórate en aquellos momentos en que te sientes libre, lleno de júbilo y sin límites. Recuerda que has estado en contacto con lo auténticamente real. Busca el amor como un derecho inalienable, junto con la felicidad y la creatividad. Dedícate a explorar lo desconocido. Ten presente que hay algo infinitamente preciado más allá del alcance de los cinco sentidos.

Puede que algunos protesten y digan: «Pero ¿cómo puedo llegar a cambiar? Es todo tan abrumador. Hay tanto que hacer.» Lo comprendo. Cuando se exponen los detalles del crecimiento personal, el panorama parece demasiado amplio. Es por ello que la tradición de la India compara la iluminación con un palacio de oro, que aporta felicidad y libertad, pero que desmantela al mismo tiempo la vieja realidad como si echara abajo una barraca mientras vemos cómo caen las paredes a nuestro alrededor llenos de pánico y consternación. Para exponer el tema sin metáforas: cuando miramos en torno a nosotros, el mundo parece real. Y así es, pero se trata de una realidad carente del yo verdadero. Cuando llegamos al final del viaje, sin embargo, miramos a nuestro alrededor y, una vez más, el mundo parece real, solo que esta vez estamos completamente despiertos e instalados en el yo verdadero. Entre estos dos polos, la vida es confusa. Hay días en que lo comprendemos, los acontecimientos se desarrollan como si alguien nos cuidara desde arriba (de hecho, uno mismo se cuida). Pero hay otros en que la vida espiritual se desvanece como en un sueño y nos vemos subiendo la misma cuesta empinada que todos los demás.

¿Qué nos hace seguir adelante? Pensemos en los niños y en cómo se desarrollan. La realidad oculta se despliega a través de días buenos y días malos, con sonrisas y lágrimas. La superficie de la vida no nos explica cómo funcionan en concierto las conexiones neuronales, los genes, las hormonas, para crear una persona nueva a partir del material sin formar que tenemos en el momento del nacimiento. La naturaleza protege nuestro crecimiento. El crecimiento espiritual está liberado de este tipo de determinismo. El destino ya no es biología. Debemos tomar la decisión de evolucionar, aunque la evolución también sea algo natural. Para que la evolución pase del cuerpo a la mente, esta última debe penetrar en las decisiones que determinan cómo evolucionamos. A pesar de los altibajos, el proyecto de la evolución no es complejo. Lo único que hay que hacer es preguntarnos: «Si elijo X, ¿añadirá algo a mi evolución o me apartará de ella?»

Puede que no nos guste hacernos esa pregunta. Mu-

chas veces, el placer inmediato o entregarnos impruden-
temente a un impulso es más atractivo. Quizá tampoco
nos guste la respuesta. La evolución no suele ser egoísta,
y todos estamos condicionados a pensar ante todo en el
propio interés, ya sea por codicia o por desesperación.
Ningún obstáculo importa, ni la resistencia, el desengaño
o las recaídas. Siempre y cuando podamos preguntarnos:
«Si elijo X, ¿añadirá algo a mi evolución o me apartará de
ella?», avanzamos hacia la libertad. Los grandes maestros
dirían que, en realidad, es imposible fracasar. El simple hecho de preguntarnos si estamos evolucionando ya es evolución en sí.

||||||||||||||||||||||||||||||||||||||||||||||||||||||||||||||||||||||||||||||||||||

LA ESENCIA

El yo verdadero es real para uno mismo, pero ¿cómo
se puede experimentar? El yo cotidiano ya está de por sí
repleto de experiencias. Para llegar a un nivel más profundo hace falta un proceso. Diariamente, nos adaptamos para
crecer en los siguientes terrenos:

Madurez: desarrollarnos para convertirnos en un
adulto independiente.
Propósito: descubrir por qué estamos aquí.
Visión: adoptar una visión del mundo según la cual
vivir.
«Segunda atención»: mirar a través de los ojos del
alma.
Trascendencia: ir más allá de la mente inquieta y los
cinco sentidos.
Liberación: llegar a liberarse de límites y apegos.

Cuando todos estos aspectos del yo verdadero empiezan a crecer, se combinan hacia un objetivo: desmontar la «ilusión de realidad» que impide que sepamos quiénes somos de verdad. El final de esta ilusión marca la fase de la evolución conocida como iluminación.

‖‖

TRES

QUERIDO DEEPAK:
MANO A MANO

No hay nada que pueda sustituir la relación con personas que se enfrentan a problemas de la vida real. Este libro surgió a partir de las cartas recibidas de todo el mundo, y en esta sección encontraremos una selección de ellas.

Todas las personas que escribían estaban preocupadas, y la mayoría se sentía incapaz de resolver sus dilemas. El objetivo de mis respuestas siempre ha sido el de presentar una perspectiva nueva, siguiendo el principio de que el nivel de la respuesta nunca es el del problema.

No sentirse amada

He trabajado mucho para cambiar mi vida para mejor, pero continuamente me enfrento a pensamientos negativos, incluso cuando las cosas están bien. Entro en un espacio de odio hacia mí misma y pienso que el amor que la gente me demuestra es pura ficción. He conseguido mucho en la vida, pero este patrón de conducta está afectando mis relaciones y la forma en que me trato a mí misma. ¿Cómo hago para cambiar?

Evelyn, 43, Toronto

Hablas en tu carta de condicionantes del pasado que nos afectan a todos. Tanto si llamamos a estas influencias del pasado deudas emocionales o karma, funcionan de la misma manera. Entra una nueva experiencia en la mente, pero, en lugar de evaluarla por sí misma, la enviamos a una vía muy trillada. Esto tiene lugar tan automáticamente que no tenemos ni tiempo de intervenir. Por ejemplo, si el condicionamiento del pasado nos dice que no somos dignos de amor, cuando alguien nos dice «te quiero», no reaccionamos a esas palabras, sino a las viejas dudas, inseguridad y experiencias negativas con el amor. Lo viejo borra lo nuevo.

En ese caso, ¿cómo nos deshacemos del viejo condicionamiento? Suelo abordar el problema a través del concepto de «pegajosidad». Algunos viejos recuerdos son más pegajosos que otros. Se nos enganchan y no podemos despegárnoslos. ¿Qué convierte una experiencia del pasado en algo tan pegajoso? Si pudiéramos desglosarla, quizá sería más fácil abordar cada aspecto por separado. Demorémonos pues en el sentimiento de no ser dignos de amor.

Dicho sentimiento suele tener los siguientes aspectos que hacen que se nos enganche:

1. *Alguna figura de autoridad, por lo general un progenitor, te dijo que no eras digna de amor*

Solución: Toma conciencia de que esa persona ya no tiene autoridad sobre ti y que ya no eres la niña que fuiste. Pregúntate si en cambio no era esa otra persona la que no era digna de amor. Pregúntate también si esa persona era siquiera capaz de dar amor a la criatura más adorable del mundo. Si la información que tomas por cierta en realidad es muy poco fiable, ¿por qué la aceptas?

2. En el pasado, te daba miedo que te quisieran

Solución: Encuentra maneras seguras de superar el miedo. Una de ellas es ayudar a un niño necesitado. Descubrirás así que te quieren de una forma inocente y agradecida que resulta muy segura. Examina qué es lo que te da más miedo de que te quieran. ¿El rechazo? ¿La sensación de que tu esencia queda al descubierto y resulta indigna? No hay que evadir esas preguntas, sino examinarlas, primero en soledad y luego con un confidente del que te fíes.

3. El amor parece algo lejano, de hace ya mucho tiempo

Solución: Llega al fondo del arrepentimiento. El arrepentimiento es una espada de doble filo. Tiene una especie de lado nostálgico, una dulce melancolía que parece protectora, pero también otro lado contraproducente. Nos dice que lo mejor habría sido no haber amado nunca ni perdido. La experiencia es dolorosa y, cuando se convierte en una excusa para no volver a amar, el arrepentimiento es la máscara del miedo. Hay que examinar los arrepentimientos y luego renunciar a ellos.

4. El amor está vinculado a emociones negativas

Solución: Date cuenta de que la emoción es el pegamento más fuerte de todos. Aquello sobre lo que tienes poderosos sentimientos se convierte en recuerdos indelebles. La manera de despegar ese recuerdo es trabajar con la emoción. Hay que encarar los malos sentimientos. El truco es no volver a revivirlos y, para evitarlo, quizás haga falta un buen terapeuta o consejero. Pero debes saber de antemano que existe una gran diferencia entre un sentimiento negativo que se oculta y otro que desaparece. Es importante que te permitas experimentar lo que es en realidad desprenderse de algo.

5. *Los recuerdos se han convertido en creencias*

Solución: Deja de generalizar. Todos convertimos nuestras peores experiencias en reglas sobre la vida, pero son falsas creencias. El hecho de que un matón de patio de recreo te haya hecho la vida imposible a los diez años no significa que el mundo te persiga. La peor ruptura del mundo no quiere decir que no puedan quererte. Hay que examinar las creencias negativas y desenredarlas de las malas experiencias que ya no existen. Como tú misma dices, tu vida actual es buena; es tu interpretación de ella, basada en fallidas creencias, la que te socava.

6. *No hay que tocar las vallas electrificadas*

Solución: Cuando un sentimiento es tan doloroso que ni siquiera soportas mirarlo, actúa como una valla electrificada. La sola idea de tocarla, que es la auténtica solución a cualquier sentimiento, actúa como un elemento disuasorio. Verás que es posible tocar la valla, pero hay que prepararse para ello. Si te sientes internamente avergonzada, o si un progenitor abusó de ti o traicionó tu confianza de otra manera, entonces el amor se convierte en una valla electrificada. Lo que debería ser un sentimiento feliz se mezcla con el dolor. Hay que separarlos para poder tocar el amor sin sufrir. Si sabes que estás sufriendo de esta forma, definitivamente necesitas ayuda profesional.

7. «Tengo que ser así.»

Solución: Una de las voces en las que muchas personas creen es la que nos dice que no podemos cambiar. Eligen la inercia, pero porque piensan que se han visto obligadas a hacerlo. La respuesta es reclamar tu libertad de decisión. Mira aquello que sencillamente no se puede cambiar. Siéntate y no lo consideres un problema tuyo, sino de una amiga. Escríbele una carta con los mejores y más objetivos consejos que se te ocurran. Dile que siempre tiene la alternativa de cambiar y después sugiérele los pasos específicos para hacerlo. Si te quedas en blanco, consulta un buen libro sobre cómo cambiar y haz caso de los consejos que encuentres.

Cuando encaras el viejo condicionamiento a través de estos pasos, librarte del pasado se convierte en algo viable. Escarbar en uno mismo, donde yacen ocultos los viejos traumas y heridas, nunca es fácil, pero si encaramos el proyecto racional y pacientemente, entonces podremos arrojar luz y disipar la oscuridad.

Trabajos buenos sin recompensa

Soy una mujer inteligente, culta, con una carrera exitosa en el campo de la recaudación de fondos. He recaudado millones de dólares para cargos electos, organizaciones educativas y para las artes. Sin embargo, no tengo un céntimo. Me enfrento a un requerimiento por no presentar la declaración de la renta durante cinco años, y no tengo ahorros. Y, el año pasado, perdí mi casa por una ejecución hipotecaria. ¿Qué trata de enseñarme toda esta negrura?

Rachel, 41, Fort Lauderdale, Florida

Gracias por una pregunta tan franca, y te felicito por darte cuenta de que esa negrura, el aspecto más oscuro de tu mente inconsciente, trata de decirte algo. No has caído en el recurso de culpar a los demás o sentirte víctima del destino o la mala suerte. (Por supuesto que todos esos ingredientes podrían estar circulando dentro de ti, a un nivel más profundo.)

Tal como planteas el caso, eres una «ayudante» nata. Has tenido éxito en aportar mayor bienestar a los demás mientras te privabas a ti misma. ¿Por qué alguien haría algo así teniendo en cuenta que, para la mayoría, la caridad empieza por casa? Hay varias respuestas posibles, y me gustaría examinar cada una con cuidado para ver si corresponde.

- Crees que el autosacrificio es una forma de virtud.
- Quieres que tus buenas obras se vean recompensadas espontáneamente porque demuestran lo buena que eres.
- Consideras el trabajo en el ámbito de las organizaciones benéficas como una especie de martirio y eso te atrae.
- Ayudando a los demás, evitas analizarte a ti misma.
- Esperas que tu buen trabajo resuelva tus problemas personales que no has abordado.
- Sabías que te metías en problemas pero no querías afrontar la realidad.

- Sucedieron cosas imprevistas que estaban fuera de tu control.

El mensaje será diferente en función de cuál de estas afirmaciones sea cierta para ti. Sin embargo, me animo a generalizar y decir que la oscuridad siempre tiene el mismo efecto: mantenernos en una niebla de ilusión. Lo que acabo de enumerar es una lista de ilusiones brumosas. La oscuridad ha llevado a tu puerta precisamente lo que más temías. En lugar de encararlo, decidiste quedarte en medio de la bruma, y has acabado teniendo que afrontarlo de todos modos, pero en un contexto mucho más desesperado. Solo cuando trates tu situación conscientemente y afrontes la realidad, los aspectos más positivos y saludables de la conciencia acudirán en tu ayuda. Te aseguro que esa ayuda existe, a pesar de la situación tan mala que atraviesas. Todo lo que logres hacer para enfrentarte a una realidad más deseable como forma de vida que el autoengaño será un paso en la dirección correcta.

¿Por qué estamos aquí? ¿De qué se trata todo esto?

¿Nacemos con una misión espiritual o divina en la Tierra? Si es así, ¿qué pasa si no la cumplimos? ¿Cuál es la diferencia entre una misión y un propósito o llamada? ¿Puede uno perder la conexión con lo divino y listo, o tenemos otra oportunidad en algún momento? ¿Es normal que una persona tenga más de un sueño?

Afrodita, 49, Dallas, Texas

No haces una pregunta, sino un conjunto enmarañado, y el hilo conductor de este nudo es dudar de ti misma. Me imagino que te cuesta encontrar un propósito o sentirte comprometida. Te pierdes fácilmente en la especulación y, al ver tantas facetas en cada pregunta, se evapora la necesidad de hacer algo. La cuestión básica es, por lo tanto, si realmente quieres una respuesta. ¿Te sientes más feliz dándole vueltas a preguntas sin respuesta? A alguna gente le pasa. Prefieren las fantasías, soñar despiertos y la pasividad a reclamar la vida real.

En cuanto a los detalles de tu pregunta, algunos maestros espirituales afirman que hacemos un trato con el alma antes de entrar en una nueva reencarnación, y cumplir ese trato se convierte en el núcleo de nuestra existencia. ¿Y cómo se descubre ese propósito? Siguiendo nuestras inclinaciones naturales. Lo correcto para ti no permanecerá oculto si estás conectada contigo misma y dispuesta a seguir la dirección hacia la que te lleven tus deseos.

Pero para algunos es una noción confusa y poco fiable. Coquetean con la idea de tener un propósito único y, al mismo tiempo, tienen una existencia segura basada en las normas convencionales. Ningún poder superior te castigará por ello. Hacer un trato con el alma, si es que tal concepto es válido, no es más que un acuerdo con uno mismo. ¿Puede haber más de un sueño? Por supuesto. La pregunta que debes hacerte es si te has decepcionado a ti misma. ¿Acaso importa algo más? Si no estás decepcionada, entonces vas por buen camino; pero si lo estás, te enfrentas a una decisión. Puedes seguir viviendo con tu decepción o volver sobre tus pasos y recoger el deseo de tu corazón allí donde lo abandonaste.

Sé lo que haría yo en una situación semejante, y creo que tú también.

Llevar una pesada carga

Hace diecisiete años, di a luz una hija maravillosa que nació con defectos. Pensé que lo había superado y aceptado, pero me temo que solo enterré mi dolor. Estaba preocupada cuidando a tres hijos pequeños, con las labores del hogar y con las visitas a médicos y terapeutas. Ahora me resulta insoportable todo aquello que no he logrado. Era una persona muy resistente, pero no puedo ni levantarme. Tengo exceso de peso, mi casa es un desorden completo y no consigo ver la salida.

Christa, 44, Syracuse, Nueva York

Hay soluciones a tu situación, pero debes tomártelas en serio y empezar a actuar. El principio básico que puedo ofrecer es que la felicidad se construye haciendo que tu día sea feliz. Es cierto que tienes que pensar en tu hija a largo plazo, pero lo has convertido en una obsesión. Las situaciones tan difíciles como la que describes se han de desenmarañar aquí y ahora. Estos son algunos pasos que harán que tus días sean cada vez más felices:

Primer paso: Limpia tu casa y ordena el desorden externo. No hay razón para que te deprimas mirando todos los días el caos. Si te sientes inclinada a sufrir, ataca el mal de raíz. Tienes que moverte físicamente de una manera positiva.

Segundo paso: Resérvate una hora al día para hacer algo que te haga disfrutar mucho. Y no te la saltes. No la dediques a comer, cocinar ni a mirar la televisión. Lo que deseas es una sensación interior de satisfacción creativa.

Tercer paso: Dedica por lo menos una hora al día, y

preferiblemente dos, a relacionarte con otros padres de niños discapacitados. Busca un grupo de apoyo, contactos telefónicos, por correo electrónico o blogs en Internet. Las investigaciones han demostrado que este tipo de relaciones personales son un factor clave para ser feliz. También me reservaría tiempo para relacionarme con familiares y amigos —eso también es beneficioso—, pero en tu caso es fundamental recibir la comprensión y el apoyo de otras personas que atraviesan por lo mismo que tú.

Cuarto paso: Si la terapia empeora a tu hija, sácala de allí y llévala a otra parte. Un terapeuta capacitado puede ayudarla. No te quedes corta en este terreno. Ten paciencia y sigue adelante.

Quinto paso: Siéntate y aborda tu desesperanza. No estoy hablando de las razones psicológicas, sino de las prácticas. Estás desesperada sobre todo porque sientes que tu hija está condenada. Se trata de una creencia negativa y de una proyección, no de la realidad. Nadie puede predecir el futuro. Si crees que tu hija puede tener un buen futuro, encontrarás las oportunidades que se abren ante ti para hacerlo realidad. Sin embargo, antes de que suceda, necesitas sentarte y escribir diez cosas que te hacen sentir desesperada sobre tu hija, seguidas de pasos realistas que puedes dar para evitar esos resultados.

Cargas un peso que no hace falta que sea tan obsesivo, oscuro y difícil. La clave puede ser conocer otros padres que hayan salido de esa negrura y, al hacerlo, también lograrás salir de la tuya. Tu vieja personalidad no está muerta, sino solo oculta bajo un manto de tristeza e impotencia que puedes quitarte de encima.

Pedir más a la vida

Toda mi vida he estado buscando un sentido, para acabar descubriendo que quizá no tengo ninguno. Y me lo cuestiono más aún desde que estoy desempleada después de muchos años de trabajo en la misma empresa. ¿Cada vida tiene un propósito específico? (No te preocupes; no espero grandes revelaciones en tu respuesta. Solo eres un ser humano.)

Deborah, 61, Pittsburgh, Pensilvania

No creo que esto llegue como una revelación, pero tu propósito en la vida es dejar de pedir tan poco. Trabajar en la misma empresa ha apagado tu entusiasmo y sentido de expectativa. Estoy seguro de que en algún momento los tuviste y pueden revivir. El secreto es espiar debajo del manto que los cubre. ¿Qué tienes escondido allí? Me parece que todas esas pequeñas semillas de sueños y deseos que metiste allí debajo, a la espera de un día de lluvia.

Escribe con carmín lo siguiente en el espejo: «El día de lluvia ha llegado.» Estás en una época en la vida en que la realización es posible en todo. Con dos o tres décadas aún por delante, hay tiempo de sobras para que algunas de esas semillas germinen. No puedo decirte qué plantas son, pero sé que existen.

Elegir entre lo correcto y lo incorrecto

¿Quién decide que algo es moral o inmoral? Lo que yo considero inmoral podría ser perfectamente adecuado para otra persona.

Gurpreet, 26, India

No es difícil ver que tu pregunta está incompleta. Te enfrentas a un dilema moral en concreto. Quieres saber si tu decisión es inmoral y los demás podrían condenarla. No obstante, ya te sientes bastante culpable como para no querer contar cuál es en realidad el problema. Como hay mucha gente que se encuentra en aprietos similares, permíteme abordar el tema de cómo tomar decisiones morales. Me parece que será más práctico que tratar la cuestión cósmica de qué hace que una cosa sea moral (buena) o inmoral (mala).

En un mundo en dual, nos dicen que el juego de la luz y la oscuridad, el bien y el mal, tienen raíces en lo eterno. La creación está montada así y estamos atrapados en el juego de lo opuestos. Si esta explicación, esencialmente religiosa, está firmemente arraigada en ti, entonces las decisiones sobre lo correcto y lo incorrecto son fáciles. Puedes consultar el sistema religioso que profesas y seguir sus preceptos sobre cómo vivir la vida para ser una buena persona.

Por otro lado, tal vez estés atrapado entre el deseo y la conciencia. Quieres hacer algo, pero te sientes culpable o avergonzado de lo que quieres. Una persona casada tentada de engañar suele pasar por esas luchas. La sociedad dice que el deseo o la tentación son malos y hay que resistirse, y que la fidelidad en el matrimonio es buena y debe respetarse. Si valoras el juicio de la sociedad y quieres que te vean como una persona respetable, entonces la decisión correcta es clara. La mayor parte de la vida cotidiana consiste en equilibrar el deseo y la conciencia: hacer lo que se debe aunque no se tengan muchas ganas. Las personas que viven satisfactoriamente en el sistema han aprendido a controlar sus impulsos. Mi único comentario es que la elección de ser respetable es un deseo en sí, así que la decisión no es entre el bien y el mal; a menudo es entre un impulso fugaz y un deseo más maduro. La condena del deseo no hace a nadie moral, sino que lo desconecta del deseo.

Por último, diría que incluso con una mayor madurez, una persona puede evolucionar hasta tal punto que las decisiones sobre lo correcto y lo incorrecto pasan a ser menos críticas. Descubrimos que la guía interior puede tomar tales decisiones sin miedo a la condena social. Ya no estamos tan apegados a reglas y dictados rígidos. Un médico que debe decidir si ayuda o no a un paciente a morir para aliviarle el sufrimiento de una enfermedad terminal, tomará esa decisión sobre la base de consideraciones personales. No hay respuestas fijas de antemano. La sociedad rechaza la libertad excesiva de decisión. Resulta fácil justificar las malas acciones propias diciendo «lo que es inmoral para los demás es moral para mí». Es una excusa egocéntrica, carente de un alto nivel de evolución. Sin embargo, el alto nivel de evolución existe y las escrituras sagradas nos dicen que, en la conciencia elevada, la unidad prevalece sobre la dualidad. En otras palabras, en lugar de condenar el mal, la persona pasa a ser compasiva hacia quien obra mal y practica el perdón.

Espero que estos comentarios te sirvan de ayuda.

Lecciones sobre formas de besar

Esta mañana abrí el periódico y vi un artículo sobre los diferentes tipos de besos. Escondí el periódico por miedo a que mi hija adolescente lo leyera. ¿He hecho bien?

Shipra, 46, Dehradun, India

Sigue ofreciendo resistencia, pero no olvides que si evitar que el material impreso impropio cayera en manos de los jóvenes los ayudara a ir por el buen camino, los editores quebrarían de la noche a la mañana y el mundo seguiría lleno de adolescentes que, a pesar de todo, aprenderían a besar. Así es la naturaleza humana.

Hacerse cargo de la propia vida

Todos los días me despierto y me hago la promesa de vivir cada día en toda su plenitud y no dejar que mis emociones o miedos me frenen. Voy a hacer lo que he estado postergando, voy a hablar con alguien de ese problema que me carcome, pero después de ducharme y desayunar, pierdo impulso. ¿Cómo me hago cargo de mi vida? ¿Cómo hago para no dejar que el miedo se apodere de mí?

Marissa, 19, Botsuana, Sudáfrica

Cuando dices «hacerme cargo», en realidad defines el obstáculo, no la solución. Te montas la situación de modo que haga falta esfuerzo, voluntad y fortaleza para enfrentarse a los retos de la vida. Siempre que nos enfrentamos a un obstáculo enorme, adoptamos el curso de acción de menor resistencia con bastante naturalidad. El mismo montaje hace que millones de personas coman demasiado, por ejemplo, porque la alternativa exige mucho esfuerzo y molestias. Dejémoslo para mañana. Mientras tanto, ataquemos el pastel de chocolate.

La solución es hacer que superar nuestra resistencia resulte sencillo. Lo ideal sería que uno pudiera enfrentarse a los retos de la vida, incluidos los miedos, con entusiasmo y energía. No se puede llegar a lo ideal de la noche a la mañana, pero tampoco hace falta. Dar pasos positivos todos los días ya es bastante; en realidad más que bastante, ya que la mayor parte de la resistencia con que nos topamos dentro viene de hábitos viejos, trillados, y de la inercia. Superarlos es más que media batalla ganada. He aquí los pasos en los que pienso:

Primer paso: Examina tu postergación. Es una costumbre arraigada, pero ¿por qué te aferras a ella? Porque postergar cosas desagradables es en sí una especie de «solución»; una solución débil, de las del tipo «fuera de la vista, fuera de la mente». Pero las cosas que postergamos en realidad no están fuera de la mente. Son un fastidio insidioso justo debajo de la superficie y no nos permiten desconectar. Siéntate y absorbe el siguiente concepto: la postergación es un falso amigo. Recuerda todas las veces que has abordado un problema y te has sentido bien. Toma conciencia de que la postergación nunca te hace sentir a gusto, ya que se basa en la ilusión de que el problema se resolverá solo de alguna manera. Créeme, cualquier resultado es mejor que esperar, porque cuanto más se espera, peor es lo que la mente se inventa que sucederá.

Segundo paso: Haz una lista de cómo tener un buen día. Empieza la mañana escribiendo lo que vas a comer, los recados que harás y las cuentas que pagarás. No dejes la lista para el día siguiente. Incluye en ella por lo menos una cosa que quieras hacer y que has estado postergando. Mientras escribes, comprueba tu nivel de comodidad. Todo lo de tu lista debería conducirte al mismo resultado: hoy te sentirás bien.

Tercer paso: Lleva la lista encima y cada vez que hagas alguna de las cosas, márcala. En ese momento, trata de ver cómo te sientes. Si acabas cansada, aburrida u cualquier otra cosa negativa, revisa la lista. El único objeto de esa lista es crear una nueva zona de comodidad, basada en los logros y la realización. Estas cosas solo surgen cuando tu vida es gobernable. Nadie está contento cuando ha tenido un día agobiante y agotador. Cuando caes en las garras de la postergación, todas las cosas que se dejan sin hacer crecen y adquieren proporciones sobrecogedoras, de modo que no se puede romper el círculo vicioso hasta que se pasa a la acción. Cuando aprendas que puedes abordar algunos retos y sentirte bien —de hecho te sentirás incluso mejor—, entonces esa vocecilla que tienes dentro y que te dice: «Déjalo para mañana. Total, un día más no le hará daño a nadie», empezará a perder su poder de convicción.

Espiritualmente estancada

He comenzado mi viaje espiritual hace más de veinte años y estudiado muchos enfoques diferentes de la espiritualidad. Trabajo animando a los demás a confiar en el proceso, pero ahora mismo estoy en una situación económica de necesidad y limitaciones. Sé que aquí hay una lección espiritual que tiene que ver con la confianza, pero me parece que estoy estancada y no logro abrirme paso.

Bernice, 63, Raleigh-Durham,
Carolina del Norte

Para empezar, no se trata de ahora o nunca. Al presionarte a ti misma, estás cerrando los canales de ayuda y apoyo. Y no estoy siendo místico. La espiritualidad tiene que ver con la conciencia, y aquello que la expande sirve para abrir dominios más sutiles de experiencia. Al mismo tiempo, cualquier cosa que cierre la conciencia y la contraiga con miedo no puede considerarse espiritual. En otras palabras, detecto que te gustaría amar y confiar, pero al mismo tiempo un instinto poderoso te lleva a estar ansiosa y desconfiar. Este es el espejo de dos caras que describes en tu carta.

Permíteme hablar sobre «materialismo espiritual», porque creo que es aplicable a muchos. Cuando pedimos a Dios o al espíritu que nos traiga dinero —en general disfrazado con un término más educado: abundancia—, la espiritualidad se reduce entonces a conseguir y gastar. Toda la inseguridad que nos hace querer protegernos con dinero, condición, pertenencias y diversas cosas mundanas surge del nivel del ego. Sin duda, poder mantenerse es importante. No se trata de que Dios dé más si uno vive según ciertos criterios y dé menos si uno no lo hace. No hay un juez que todo lo ve desde las nubes y vigila quién es malo y quién, bueno. Pensar así es materialismo espiritual.

¿Por qué tanta gente cae en esa manera de pensar? No es difícil ver las razones. Vivimos en una sociedad materialista, y en Estados Unidos la situación es especialmente dura porque no hay redes de seguridad. El lado oculto de la prosperidad y el éxito es el miedo a que, si caemos, nadie nos va a levantar. Y más aún, nos han llenado de promesas simplistas de que Dios salva a los pobres y a los débiles, como en una misión de rescate multiuso. Y aunque muchas plegarias quedan sin atender, la gente se aferra a las ilusiones. Si se dice a niños que Dios cuida de ellos, no ven otra alternativa que aferrarse a esas creencias.

Por eso, al final, la espiritualidad es un camino que toda

persona debe recorrer. Y ese camino solo lleva al interior, no a la ventanilla de un cajero donde se cambia carencia por abundancia. Sé que estoy echando un cubo de agua fría, pero cuando uno deja de creer en ilusiones, hay espacio para la realidad. La realidad es mucho más grande que el dinero o cualquier cosa material. Al recorrer el camino, descubrimos nuestro yo verdadero, y a medida que se profundiza ese descubrimiento, la paz y la seguridad se convierten en aspectos permanentes de uno mismo. El miedo ha estado disfrazando a tu yo verdadero. El ego te ha tentado para que midieras tus progresos en función de elementos externos.

Sin embargo, lo que de verdad importa es un proceso que te permita cambiar de lealtad y apartarla del materialismo espiritual y descubrir una nueva lealtad estando despierta. Con la conciencia expandida descubres que la vida tiene más para ofrecer de lo que creías. No puedo predecir si alguien se hará rico o se volverá pobre, pero tienes razón al confiar en el proceso de la vida, siempre y cuando eso no se convierta en fatalismo. Hay un sitio adecuado y bueno para ti en este mundo; se abre a ti cuando tu conciencia está lo suficientemente abierta para percibirlo.

Una madre dominante

Soy hija única y he tenido que trasladar a mi madre a casa cuando enfermó gravemente hace seis años. Afortunadamente ya está mejor, pero sigue aquí. Mi madre siempre ha sido negativa con respecto a mí en lo que a las elecciones que he hecho en la vida. Nunca hemos tenido una relación adulta madre-hija construida a partir del respeto. Yo solía oponerme a su actitud avasalladora, pero no ha cambiado nada. Ahora me he rendido para mantener la paz. Tal vez me quería de niña, pero no creo que me quiera como adulta. ¿Qué puedo hacer?

Terry, 40, Charleston, Carolina del Sur

No creas que estás sola con este problema; a muchas hijas adultas les pasa lo mismo. En realidad no tienes uno, sino dos problemas que resolver, y el comienzo de la solución es desenmarañarlos y separarlos:

Problema n.º 1: dependencia psicológica de tu madre

Problema n.º 2: el narcisismo y egocentrismo de tu madre

Estas dos dificultades están enredadas, lo que hace más difícil tratar con ellas, pero la segunda es la más fácil. Tu madre es egoísta y egocéntrica. Se interesa por ti solo como reflejo de sí misma. Lo primero que piensa es «¿cómo me hace quedar en esta situación?». Si eliges un trabajo, un hombre o un par de zapatos, no le importa cómo te afecta a ti, sino a su propia imagen y su sentido egoísta de sí misma.

No puedes resolver esta cuestión, porque no es tu asunto resolverla. En la medida en que sigas cediendo ante tu madre, habrá «resuelto» su narcisismo manteniéndolo en secreto y negando que tiene un problema. Si fuera mínimamente generosa, se daría cuenta del efecto dañino que tiene y empatizaría con tus sentimientos. Te agradecería por haberla cuidado y trasladado a tu casa. Pero no hace nada de esto. Por lo tanto, no tienes por qué ser considerada con sus sentimientos cuando se trata de reparar tu propia vida.

El primer problema, tu dependencia —o, para usar un vocabulario más moderno, tu codependencia—, es más difícil. Una cosa es ser una mosca apresada en una telaraña, que lucha por liberarse, y otra muy distinta ser un perro o un gato que se queja de estar en una telaraña de la que puede salirse sin problemas. De modo que la gran pregunta es: ¿por qué no quieres liberarte de tu madre, teniendo en cuenta que el deseo real de ser libre te llevaría inmediatamente a la acción? Cuando tienes una piedra en el zapato, no la aguantas, a menos que te guste el dolor o que quieras sufrir como una mártir.

La dependencia tiene su origen en la necesidad de amor de un niño. Un niño sano deja atrás la dependencia y se da cuenta de que es digno de amor. Un niño dependiente sigue apegado y dice: «Solo soy digno de amor si mi mamá me quiere. De lo contrario, no.» Hasta que no se resuelva esta causa principal, la dependencia se extenderá a otros ámbitos. La aprobación, el éxito, la sensación de sentirse a salvo y los logros personales, entre otras cosas, pasan a basarse en lo que dicen los demás, más que en el conocimiento firmemente arraigado de la propia valía.

Creo que te ayudaría leer sobre codependencia. Cuando creas que puedes verte de manera realista, busca un grupo de autoayuda que se ocupe de temas de codependencia. Necesitarás ayuda para salir de esta situación. Tu madre tiene una personalidad fuerte; sabe cómo tenerte atada. Recuerda que, cuando te liberes, podrás quererla más sinceramente. Y es un sentimiento mucho mejor que estar atrapada y fingir que amas a tu torturadora.

Ser madre de un adicto

¿Cómo hago para tratar emocionalmente el hecho de tener un hijo adulto drogodependiente? Cuando consume o cuando su vida es un caos, no sé cómo evitar que su situación me obsesione veinticuatro horas al día, siete días por semana, y vivo con una sensación de fatalidad a mi alrededor. ¿Puedo tratar esto desde un punto de vista espiritual? ¿Cómo hace una madre para desprenderse del dolor y la ansiedad que siento?

Bernadette, 61, Milwaukee

Tardaría días para hablar en detalle de las relaciones de padres e hijos, pero me preguntas por un tema que podemos aislar: la culpa, la ansiedad y la frustración de no poder ayudar. En términos espirituales, tiene que ver con el apego. Te identificas con alguien separado de ti misma. Has perdido completamente el límite entre tu hijo y tú. El apego hace que te obsesiones con la vida caótica de tu hijo y que sientas su dolor como si fuera el tuyo.

No me malinterpretes, por favor, no estoy criticando la empatía amorosa que conecta a madre e hijo. Puedes superar ese apego defectuoso a través de un proceso que abarca los siguientes pasos:

1. Comprende que el apego no es positivo. No ayuda a nadie. Los terapeutas más eficaces tienden a ser independientes, desapegados incluso. Es lo que les da claridad y objetividad y les permite usar sus conocimientos de forma más efectiva.

2. Comprende que tu apego te hace daño a ti. Por muy cerca que te sientas de tu hijo, la vida que más cerca tienes

es la tuya y sacrificar gran parte de ella al sufrimiento es algo destructivo. Debes valorarte a ti misma lo suficiente para desear tener una buena vida. A partir de ese bienestar ofrecerás más ayuda, y no menos, a aquellos que la necesitan.

3. Rechaza las falsas esperanzas, las ilusiones y recurrir constantemente a «soluciones» que nunca funcionan y que tus hijos, en todo caso, rechazan. Si dicen «no», sé adulta y acepta que no es no.

4. Sana tus heridas. La mayoría de los adictos han perdido la capacidad de cuidar a las personas que los rodean. Tienen el hábito de lastimar, rechazar, traicionar, tener secretos y ser desleales. La enfermedad los hace funcionar así. Pero todo ese comportamiento negativo te ha hecho daño. No dejes que la culpabilidad materna te convierta en un chivo expiatorio ni en un felpudo al que pisotear. Sana las heridas que tengas.

5. Cumple con tu relación principal. No has mencionado a tu marido, pero si aún estás casada, repara los puentes que te unen a él. No debes recorrer este camino sola. Toma conciencia de que tus hijos no son tu relación principal. Aunque sean lo único que tengas, tampoco los convierte en tu relación principal, porque además no se relacionan contigo. Busca alguien que se preocupe por ti con quien relacionarte, porque ellos no lo hacen.

6. Procura encontrar una visión e ir en pos de ella. Ahora mismo tu visión es una ilusión, fijada en la falsa idea de que si dieras con la clave adecuada resolverías la vida de tus hijos. Ten en cuenta por favor que ningún padre le soluciona la vida a ningún hijo adulto, lo que significa que no has fracasado. En primer lugar, porque es imposible fracasar con algo que es inalcanzable. La mente detesta el vacío, y necesitas un objetivo determinado para ocupar el lugar en el que ahora están la ansiedad y la culpa.

Si te tomas en serio estos pasos, recorrerás buena parte del camino para recuperar tu propia vida de las tendencias autodestructivas surgidas del hecho de formar parte de la vida de un adicto. Nunca es tarde para encontrarse a uno mismo.

¿El problema es ser gay?

Desde que tenía seis años sabía interiormente que era diferente. Ahora tengo veintiuno y reconozco que «aquello» es parte de mí. Cuando digo «aquello» me refiero a tener un interés homosexual por las personas del mismo sexo. (Me educaron como cristiano, así que no es difícil imaginar mi agitación interior.) Lamentablemente, he intentado matar esa parte de mí desde la infancia, pero todo mi mundo se conmocionó cuando me di cuenta de que aquello no desaparecía.

Ahora estoy seguro de estar genéticamente programado para pensar y sentir así. Tuve mi primera depresión hace siete años. Actualmente estoy medicado para que no vuelva a pasarme. ¿Qué dirección debería adoptar? Sinceramente, me detesto por «maricón».

Luke, 21, Singapur

El problema acuciante aquí no es la orientación sexual, sino el juicio contra el yo. En lugar de ser gay, digamos que fueras calvo. La mayoría de los hombres tienen complejos con la calvicie, y puede servir de excusa para la pérdida de autoestima y la sensación de no ser bastante masculinos. Tienen resentimiento y se sienten defraudados en comparación con otros. Espero que comprendas que no es la calvicie lo que causa ese autocastigo, que puede convertirse en algo bastante obsesivo y agobiante.

Por supuesto que es más difícil aceptar el hecho de ser gay que el de ser calvo, por la actitud de la sociedad. No eres tú el que activamente te detestas, sino que has absorbido la actitud negativa de los demás. La religión es parte de la sociedad y, cuando interviene en la situación, uno acaba con otra capa más de censura, quizá la más severa de todas, ya que ser gay, según los fundamentalistas cristianos, es poner el alma en peligro. En tu situación, yo haría una lista de los problemas que sientes dentro de ti, los pondría en orden de gravedad y después escribiría un remedio específico para cada uno. Por ejemplo:

1. Sentirse solo y diferente

Remedio: Conoce otros gais que tengan una buena autoestima, incorpórate a algún círculo social gay, hazte amigo de algún gay respetado y de algún heterosexual respetado que no tenga problemas con la homosexualidad.

2. Censurarse y sentirse inseguro

Remedio: Busca algo que sepas hacer bien y relaciónate con gente que valore tus logros, busca un confidente con quien compartir tus sentimientos y hazte amigo de alguien que te sirva de ejemplo o de mentor.

3. Culpabilidad religiosa

Remedio: Lee un libro sobre fe moderna y tolerancia gay, busca un amigo gay que también sea cristiano y algún pastor gay.

4. Insatisfacción sexual

Remedio: Entra en algún grupo gay que tenga otros intereses además del sexo (cine, excursiones, baile, aficiones), lee sobre héroes y pioneros de la liberación gay, identifícate con modelos de conducta que hayan combinado satisfactoriamente el sexo y el amor.

Podría haber incluido muchas más cosas, pero lo importante es salir de ti mismo para que puedas establecer creencias menos autodestructivas sobre el hecho de ser gay y, luego, usar esos contactos externos para construir tu propia percepción de ti mismo. Eres una persona única con un valor único en este mundo. No importa si son los genes, la educación, la predisposición o una vieja conducta lo que contribuyó a que tengas una identidad gay. Este es el desafío más importante de tu vida, aquí y ahora, y depende en gran medida de que lo encares de frente con vistas a un resultado positivo. Tengo fe en que puedes.

Un esposo deprimido

Mi marido se deprime todos los años y el episodio por lo general dura unos dos meses. El detonante que dispara la depresión suele ser una reunión familiar o una fiesta con amigos. Siempre se compara desfavorablemente con todos los demás. (En general, tiene una autoestima baja.) Lo amo con todo mi corazón, pero, cuando está deprimido, también empieza a beber. Aunque mis amigos me aconsejan que me vaya, no soporto la idea de que se quede solo en ese estado. Lo peor es que, cuando vuelve a estar bien, se niega a hacer terapia, leer libros o meditar. Ahora ya sé que siempre habrá otra depresión, y otra, y otra. ¿Qué debo hacer?

Lisa, 38, Ámsterdam

Tu situación es muy común entre quienes deben vivir con un depresivo cíclico. Tendemos a pensar en la depresión bipolar, la que va rápidamente de la negra desesperación a la euforia maniaca. Pero hay otro tipo de ciclos, como el que experimenta tu marido y... al que te arrastra.

En la depresión cíclica también es común que quien la sufre diga: «Estoy bien, no me pasa nada», cuando entra en la parte alta del ciclo. No quieren ni oír hablar de tratamiento o prevención. Cuando se hunden en la parte baja del ciclo, muchos tienden a automedicarse con alcohol. No menciono esto para que pienses que tus dificultades no son tan graves porque responden a un patrón. Quizá ni siquiera sean suficientes un médico general o un psiquiatra, ya que tienden a considerarlo un estado demasiado difícil para tratar terapéuticamente, de modo que el único remedio que ofrecen son antidepresivos (que, lamentablemente, el paciente casi siempre tira a la basura en cuanto vuelve a sentirse bien).

Centrémonos entonces en el único aspecto de esta situación sobre el que tienes algún control: tu propia participación. Convendría que te desprendieras de la ilusión de estar «ayudando» al depresivo, ya que estás manteniendo el status quo. Por lo tanto, depende de ti hacerte las preguntas esenciales:

1. ¿Puedo arreglar esto?
2. ¿Debo aguantar esto?
3. ¿Tengo que alejarme de esto?

Debido a tu amor y fidelidad a tu marido, percibo que dependes del punto 2, y que esa dependencia te ha hecho codependiente de su depresión. No digo que seas la que hace posible que vuelva afrontar la vida, sino más bien que te has adaptado a sus necesidades, y la adaptación solo llega hasta allí. Por eso temes el siguiente incidente y cada vez te agotan más. Ha llegado el momento de que él se adapte también a tus necesidades. En lugar de rogarle que busque ayuda, si él no quiere, empieza por afirmar lo que en realidad quieres y necesitas tú. Deja fuera la depresión todo lo que puedas. ¿Y si en cambio tuviera una enfermedad crónica debilitante? Lo razonable sería decir algo así como:

- No puedo manejarla completamente sola.
- Mi bienestar también es importante.
- Soy muy comprensiva, pero no puedo ser tu cuerda de salvamento constante. Tú también debes preocuparte por ti.
- Quiero relacionarme con la parte de ti que no está enferma. Ayúdame, por favor.
- No puedo más con toda esta negación. Tenemos un problema en común.
- Una vez que hablemos del problema y empecemos a ser honestos sobre este, debemos trabajar juntos como pareja para encontrar la solución. Esa solución deberá aliviarnos a ambos.

Espero que comiences a ver que tu adaptación ha llegado demasiado lejos para tu propio bien. No coincido con tus amigos que te dicen que te vayas (aunque espero que tengas tiempo para ti misma, aparte de este problema; tus amigos tienen razón en que te mereces una vida). Quiero que reivindiques tu vida con tu marido, no sin él. Tiene que haber un equilibrio y, ahora mismo, la balanza parece favorecerlo demasiado a él y su forma de vida.

Un vago *dharma*

Mi problema es un hijo de dieciocho años que cree que no tiene que trabajar ni estudiar. Dice que solo quiere «ser» y que «cuanto menos haces, más se hace». ¿Qué podemos hacer mi marido y yo para inspirar a nuestro hijo a darse cuenta de que debe hacer algo para sobrevivir y, al mismo tiempo, para no ir en contra de sus ideales espirituales?

Kathy, 39, Des Moines, Iowa

Me temo que tu dilema despertará un montón de sonrisas compungidas en los lectores. Me preguntas por un chico malcriado que tiene a sus padres metidos en el bolsillo. A los dieciocho, los jóvenes prueban nuevas identidades, las adoptan y las desechan. Solo el tiempo y la madurez nos dirá en qué tipo de adulto se convertirá tu hijo y qué hará con su vida.

Estás en un punto delicado, entre otras cosas porque no puedes seguir mimándolo como un niño, pero tampoco puedes depositar expectativas en él como si se tratara de un adulto. Sin embargo, trata de moverte en esa dirección. Sé que es difícil. En esta familia los idealistas son los padres. El muchacho está haciendo todo lo que puede para seguir siendo lo más dependiente posible. Aunque sea debes informarle de cómo es la realidad de la vida: o estudia o se mantiene a sí mismo. La alternativa es seguir sin llegar a ninguna parte y nadie estará muy contento con eso.

Superpoblación de almas

Siempre me he preguntado cómo se multiplican las almas. Si en realidad nos reencarnamos, ¿de dónde vienen las nuevas almas y cómo es que hemos llegado a seis mil millones en el planeta?

Sally, 32, Silver Spring, Maryland

Te sorprendería saber que esta pregunta surge con mucha frecuencia, en general con el tono de «¡te pillé!». Los escépticos dicen: «Hay el doble de personas en el mundo que hace cincuenta años. Si todas tienen un alma, y las almas son inmortales, no puede haber más que antes. Por lo tanto, lo de la reencarnación debe de ser un error.» Me doy cuenta de que lo preguntas sin ironía, así que aquí van mis sinceras ideas.

Primero, esta pregunta no cuestiona la reencarnación. Por lo que sé, puede que las almas sean liberadas siguiendo una especie de orden que los seres humanos no logran comprender. Tal vez haya una provisión interminable que sale de un dispensador infinito. Lo único que sabemos es que cada uno de nosotros está aquí, haciendo todo lo que puede para evolucionar.

Segundo, el ego se usa para pensar en términos de «yo»,

o de uno mismo por separado. Pero dejemos por un momento el ego a un lado. El alma es la conciencia más profunda, la fuente del conocimiento. Para mí, conciencia es un singular que no tiene plural. Un lingote de oro puede convertirse en muchos adornos, un fuego en muchas llamas, un océano en muchas olas. Las almas son esquemas de movimiento y comportamiento de una única conciencia. Tanto si lo llamamos la mente de Dios o el útero de la creación, esta única fuente puede engendrar tantas almas como el universo dé lugar, de la misma forma que el océano tiene tantas o tan pocas olas sin agotarse. Ser plenamente consciente es un estado con dos niveles. Uno se ve a sí mismo como individuo, pero también pertenece a la unidad conocida como mente.

El *blues* de la recesión

Este ha sido el año en que se me vino el mundo abajo. En cuestión de meses, mi marido y yo nos separamos, nos declaramos en quiebra y perdimos nuestro negocio, una bodega y una destilería. Ahora trato de salir adelante como madre sola en una casa que van a embargar pronto. Estoy por cumplir cincuenta años y ahora mismo me siento completamente perdida. A pesar de todo, tiendo a ser optimista y a pensar que mi nuevo viaje será una oportunidad para descubrir el auténtico sentido de mi vida. Lo único que quiero es ofrecer un futuro seguro y feliz a mis hijos. Caigo bien a la gente y me responde con energía positiva. Sin duda hay alguna puerta para mí. Mi pregunta es, ¿cómo hago para mantener abierta esa puerta?

Sara, 49, Columbia Británica

Estoy seguro de que tu carta ha llegado al corazón de muchos lectores. Con la recesión actual, muchos trabajadores mayores que creían estar llegando a la culminación de su vida laboral, se encuentran en cambio con que esta se viene abajo. Apenas están preparados para la pérdida del trabajo, la casa o los ahorros... todas las redes de protección que nos proporcionamos durante nuestra vida laboral.

Para abrir una nueva puerta, creo que debemos recurrir a la vieja idea de que la naturaleza detesta el vacío. Ahora mismo tienes un espacio interior que contiene arrepentimiento, desengaño, nostalgia de tiempos mejores, esperanzas de futuro, ansiedad acerca del futuro, autoestima y dudas sobre ti misma. En otras palabras, hay una maraña desordenada de conflictos. Afloran las energías oscuras y te hacen tener miedo. La inestabilidad de tu vida externa se refleja también en tu inestabilidad interna.

Debes crear un espacio de claridad, inspiración y nuevos comienzos. Ya posees las habilidades para la vida que te permitirán todo eso. El problema es que hay tantas cosas girando en tu interior que esa claridad no es posible, o solo aparece a trompicones. Convendría que te dieras cuenta de que estás funcionando en modo crisis. No puedes hacerlo todo sola. ¿Dónde está la ayuda externa, el apoyo y, sobre todo, dónde está tu marido? Sé que él tiene sus propias ansiedades, pero formó parte del derrumbe que llevó a esta crisis. Debería formar parte también del camino de salida. Pedirte que cargues sola este peso es inexcusable.

Me temo que ahora mismo también necesitas ser tenaz. Recurre a aquellos a quienes hayas ayudado en el pasado y hazles saber, de manera certera, que necesitas apoyo en esta crisis. No te hagas la valiente ni la mártir, no te sientas víctima ni caigas en las ilusiones que vienen en el mismo lote. Mírate a ti misma como si fueras otra persona, alguien a quien conoces bien y necesita consejos sensatos y racionales. ¿Qué le dirías? Ser objetiva ayuda a aclarar el confuso torbellino de emociones que tira de aquí para allá día tras día.

Tienes una buena percepción de tu yo esencial, que aparece claramente en tu carta. Ese yo esencial es el que hace atravesar las crisis. Los elementos externos vienen en segundo término. Sí, la recesión y los golpes que ha dado a la vida de gente buena y merecedora de algo mejor son reales. Pero la resistencia interna y la capacidad de volver a levantarse son cualidades personales que resultan decisivas en casos como el tuyo. Relaciónate con alguien que tenga ese tipo de resistencia para que la tuya salga reforzada. Busca otro roble debajo del que guarecerte mientras pasa la tormenta. Si alguien está en contacto con su yo esencial, siempre responderá. Antes de preocuparte por mantener una actitud positiva, da algunos pasos, aunque sean pequeños, que te saquen del modo crisis. Una vez que estés orientada de forma realista en esa dirección, las puertas que deben abrirse empezarán a hacerlo.

¿Cómo puedo llegar a la iluminación?

¿Es la meta del ser humano buscar y llegar a la iluminación? ¿Cuáles son los obstáculos para alcanzarla y cómo se superan? Preconizo el pensamiento positivo entre cuantos me rodean, pero a veces me siento desesperada y no logro salir de allí. Necesito ayuda, por favor.

Claudine, 41, Sherman Oaks, California

Has hecho dos preguntas, pero permíteme tratar de unirlas. El pensamiento positivo está muy bien, es incluso necesario para tener una visión esperanzada de la vida. Tu visión es la iluminación, y no hay nada más positivo. Sin embargo, aunque hayas encontrado tu propia visión no tienes por qué obligarte a pensar positivamente todo el tiempo. Es una manera artificial de acercarse a la mente. Me parece que si uno no la obliga, la mente funciona con más naturalidad y menos estrés.

Ahora bien, después de fijar tu objetivo en la iluminación, ¿cómo llegas allí? Primero, no pienses en términos de obstáculos. La iluminación es producto del crecimiento personal. Cuando una rosa crece en el jardín, con el objetivo de llegar algún día a ser una flor maravillosa, no piensa en cuáles son los obstáculos que debe superar para llegar a convertirse en ello. Sencillamente crece, tomando lo bueno y lo malo tal como viene, con la certidumbre de que un día aparecerá la flor.

Sin embargo, las rosas crecen mejor con un suelo rico, muchos nutrientes y delicados cuidados. Lo mismo es válido para ti. Para el camino espiritual solo hacen falta dos cosas: una visión del objetivo y los medios para expandir la conciencia. Sea lo que sea la iluminación —y muchas tradiciones la describen de forma diferente—, cada paso hacia ella es un paso de autoconocimiento. En toda la historia, las tradiciones espirituales apuntan a la meditación como la herramienta más importante de autoconocimiento. Sin embargo, a medida que nos volvemos más conscientes, no todo lo que se revela es positivo. La vida es una bendición variada, y todo el mundo tiene un yo oscuro.

Pero por muy difíciles que sean algunos aspectos de tu vida, no necesariamente tienen que ser un obstáculo para el espíritu. El cuerpo puede enfrentarse a obstáculos, así como la psiquis. Encáralos lo mejor que puedas. En otras palabras, lleva una vida normal con el apoyo de la familia, los amigos y otras personas con inclinaciones espirituales. Pero el espíritu tiene que ver con el conocimiento y, siempre y cuando lo sepas, se presentará la oportunidad de la conciencia expandida. A veces aparece en la meditación; otras, como una nueva percepción o como guías o maestros que llegan para ayudarnos. Deja que tu yo superior sea en última instancia tu guía, y no dudes de la certeza de que todo el camino tiene lugar en la conciencia.

Un hijo difícil

Mi hijo de veintidós años vive en casa, estudia en la universidad y trabaja media jornada. Nunca se ofrece para ayudar en las tareas domésticas, cocinar o lavar los platos. Entra y sale malhumorado, sin decir hola ni adiós. A mí me trata con aires de superioridad, como si mandara él. Cuando tiene un momento libre, se sienta con un videojuego. Estoy divorciada, por lo que soy una madre sola. ¿Qué puedo hacer para que mi hijo sea más amable? Francamente, aunque solo fingiera, a estas alturas ya me bastaría.

Audrey, 46, Oak Park, Illinois

Tu hijo está estirando la adolescencia todo lo que puede. La actitud que describes —los aires de superioridad, la adicción a los videojuegos, la falta de colaboración en las tareas y de consideración hacia ti— es bien conocida por todos los padres de chicos de dieciséis años, pero es bastante imperdonable en un muchacho de veintidós. Además, tu situación se ve agravada por dos factores. Me temo que tu hijo aprendió esa actitud insensible de su padre, y tú sufres el inconveniente de ser una madre sola, razón por la cual te has hecho muy dependiente de él en el plano emocional y estás demasiado dispuesta a dejarlo quedarse en la inmadurez.

El resultado de todo esto es que no le haces bien y él no te hace bien. Es una relación poco beneficiosa para ambos. Como eres la adulta, te corresponde encarar la realidad en lo que ti respecta. Busca una vida al margen de tu hijo. Oblígate a dejarlo crecer. Deja de prestarle tanta atención; no lo cargues con tus decepciones y expectativas frustradas. Sé que es una medicina fuerte, pero al final acabará por curarte.

En cuanto a tu hijo, tu inquietud está justificada. No está en una buena posición para madurar. Tiene pocas motivaciones para hacerlo y es demasiado inmaduro para ver la caída que le espera si se niega a crecer. Tu papel es ayudarlo a abrir los ojos. Primero, necesita una buena conversación con algún hombre al que respete y que le suelte algunas verdades duras. Segundo, necesita un ejemplo de conducta que encaje con el tipo de persona en el que debería convertirse.

No sé qué tipo de ejemplo es el más adecuado. Eso tendrás que pensarlo tú con lucidez. A los veintidós, muchos jóvenes adultos no saben identificar sus virtudes y sus defectos. Necesitan más experiencia, quizás algún consejero o tutor. Sin duda esto también es válido para tu hijo. Busca un hombre cuya carrera y forma de vida hagan decir a tu hijo: «Quiero ser así. Puedo ser así.» Sin una figura así en su vida —o en la vida de cualquier joven adulto— la perspectiva de futuro se parece más a un deambular sin rumbo.

Una joven en una encrucijada

Cuando se trata de encontrar una orientación en la vida, me cuesta mucho elegir. Quiero hacer algo que me encante y apasione, pero aún no sé qué. Mientras tanto, no estoy dispuesta a ceder en mis ideales por razones prácticas. Los estudios y el trabajo no tenían sentido para mí, así que dejé de estudiar y me pasé un año básicamente sin salir, leyendo libros de espiritualidad y psicología con la esperanza de encontrarme a mí misma.

Ahora me siento más sólida espiritualmente, pero en mi vida práctica no he logrado nada. Quiero confiar en que todo es como debería ser, pero aun así, hay momentos en que me siento muerta por dentro. No tengo aspiraciones; ni siquiera sé por qué estoy aquí.

Annie, 24, New Haven, Connecticut

Tu carta, a medida que avanza, es cada vez más negativa y concluye con una afirmación escalofriante: me siento muerta por dentro. Así que lo que empezó como una cosa —una carta de una joven idealista que ha postergado su crisis de identidad— acaba como la misiva de alguien con una depresión grave. Por lo tanto, la única manera de encontrar una respuesta es bucear en tu interior y buscarla. Has leído muchos libros espirituales. Las semillas están plantadas. Ahora ha llegado el momento de dejar que algunas germinen.

Para descubrir cuáles, he aquí cinco preguntas para hacerte a ti misma. Escríbelas y ten a mano el papel, porque tienes que hacértelas todos los días hasta que estén respondidas. Primero las enumeraré y luego te diré una manera especial de responderlas, porque el método es tan importante como las respuestas en sí.

1. ¿Estoy deprimida y harta de mi vida?
2. ¿Voy a la deriva porque sé que algo perfecto me espera en el horizonte?
3. ¿El día de hoy está saliendo como quiero que salga?
4. Cuando miro a mi alrededor, ¿la vida me dice quién soy? ¿Qué veo en el reflejo del mundo exterior?
5. Si pudiera dar un salto a dentro de cinco años y verme a mí misma, ¿a quién me encontraría?

Estas son preguntas que se hacen durante la crisis de identidad con poco más de veinte años. Siempre se hacen de forma confusa, porque la adolescencia tardía no ha acabado del todo y la adultez hecha y derecha tampoco ha comenzado. La gente experimenta sus crisis de identidad de maneras muy diferentes y tiende a sacar lo que más teme y lo que más desea. Es una época de amor, ideales, carrera, adquisición de confianza y cargada de entusiasmo por remontar el vuelo.

Eso sería lo ideal, pero por supuesto muchos experimentan otros elementos vinculados a las crisis de identidad: una indecisión paralizadora, pérdida de confianza en uno mismo, pánico de que los viejos comportamientos que funcionaban durante la adolescencia ya no funcionen, y una sensación de vacío aterradora. Ahora mismo estás inmersa en el lado negativo de tu verdadera identidad. Así que lo mejor es eliminar lo negativo y dejar que la parte positiva de tu vida empiece a guiarte.

Ahí es donde entran las cinco preguntas. Saca la lista por la mañana. Lee cada pregunta, cierra los ojos y aguarda la respuesta. No la fuerces; no esperes nada. Si empiezas a oír ese parloteo mental, exhala y pide mentalmente que pare durante un momento para poder tener despejada la mente. Al cabo de unos minutos, recibas la respuesta que recibas, será la respuesta de hoy. Continúa con la pregunta siguiente. Una vez que tengas las cinco, sal y disfruta del día. No vuelvas a pensar en las preguntas, no regreses a ellas. Ya has hecho el trabajo de hoy. El resto es para disfrutar.

Repite este procedimiento todos los días. Un día —nadie puede predecir cuándo—, una de las respuestas te parecerá perfectamente apropiada para ti. Eso significa que te la ha dado tu verdadero yo. Pero todavía no saltes de alegría, vuelve dos veces más para ver si obtienes la misma respuesta. Si es así, táchala de la lista. Continúa el tiempo necesario hasta tener cinco respuestas buenas y verdaderas. ¿Qué has hecho? Habrás llegado a donde tienes que estar. Como eres joven, quizá tus respuestas cambien el año próximo, pero lo que necesitas son respuestas para ahora. Te servirán para salir de tu rutina sofocante.

Una búsqueda sin esperanzas

Estoy constantemente en busca de «algo» y he acabado exhausta, perdida y triste. Pensaba que el hecho de sobrevivir a un cáncer me mantendría en la buena senda y me limitaría sencillamente a vivir. Lo hice durante un tiempo, pero otra vez estoy buscando y esperando. Rezo y hablo con Dios, con ángeles y guías, pero creo que me lo invento todo o fantaseo. A partir de aquí ¿adónde debo ir? Sé que hay algo más, pero ¿qué? ¿Y dónde?

Janet, 60, Sacramento, California

Creo que deberías empezar por tu edad. A los sesenta, es natural desear una validación de la propia vida. Deberías mirar dentro y descubrir una serie de valores básicos de acuerdo con los cuales vivir. Sean los que sean, quieren desarrollarse y lo hacen sobre la base del yo esencial que has establecido.

En tu caso, lo esencial parece débil o ausente, lo que significa una de dos: o has postergado el trabajo de establecer un yo estable y con sentido, o ese yo se ha debilitado por un trauma, una herida o una desilusión. No sé cuál de las dos cosas es verdad; quizás haya elementos de ambas. En todo caso, la forma de avanzar es la misma. Ese «algo más» que buscas eres tú misma. No se trata de una revelación que te hagan los ángeles ni una manifestación de Dios.

No digo que esto implique que no debas buscar una conexión con lo sagrado; pero si te pasas años tratando de talar un árbol con un cuchillo de pan, ¿pensarías que vas por el buen camino? En tu caso, la razón de que la inspiración de tantas fuentes no haya calado en ti es que no has sido realista con respecto a lo que significa seguir un camino espiritual. Más allá de cualquier otra cosa, es un camino hacia la realidad. Por lo tanto, es menester que empieces a ser realista con respecto a tu vida y a hacer el trabajo necesario para encontrarte a ti misma. La realidad que buscas es tan cercana como respirar. No hace falta buscar en el cielo o en el viento.

La rara

Nací con defectos físicos y sufrí treinta y seis operaciones quirúrgicas a lo largo de mi vida. De pequeña, no me daba cuenta de que tenía algo malo, pero cuando empecé a ir a la escuela, las cosas se pusieron muy difíciles. Los otros niños me decían cosas horribles: «Monstruo, Frankenstein, solo encontrarás novio si te pones una bolsa en la cabeza.» Mi madre no hacía caso de mis problemas. Mi padrastro me sentaba en su regazo y me decía: «Guapa no vas a ser nunca, así que trata de ser lista.» El problema es que, aunque me iba bien en los estudios, me llamaban tonta.

Sé que soy inteligente, generosa, cariñosa, una persona buena. Pero cuando entro en algún lugar, noto que la gente me mira de manera rara. Explicarles por qué tengo este aspecto no hace más que confirmar la vergüenza que siento de mí misma... es un círculo vicioso. ¿Qué hago? He hecho terapia, pero aun así no puedo desprenderme de esta sensación.

Leonie, 39, Baltimore, Maryland

Tus problemas, por muy dolorosos que sean, pueden tratarse. Si tu terapeuta no ha logrado progresos, tienes que ver a alguien que pueda lograrlos. El problema básico es que llevas a tu vida adulta creencias sólidas grabadas por tus padres. Tu madre no pudo superar la culpa de tener una hija imperfecta, y tu padrastro reforzó esa sensación en lugar de ayudar a resolverla. Antes de que tuvieras un yo, cuando eras tan pequeña que no tenías otra alternativa que ligar tu identidad a la de tu madre, te condicionaron de una forma totalmente equivocada.

Te felicito por recuperar tu vida. Gracias a la adversidad te has convertido en una persona mejor que todos tus torturadores del pasado, incluidos los que te educaron. Sobre la base de tu propia fortaleza, tu sanación depende de que logres darte cuenta de lo siguiente:

- No era tu problema hacer feliz a tu madre.
- No era culpa tuya que ella no pudiera perdonarse.
- No fracasaste de niña, porque no había manera de que triunfaras. Tus padres, sencillamente, eran como eran.
- Necesitas unos padres nuevos, y existen dentro de ti. Esos padres consisten en la percepción de tu propia valía.
- Hay una manera de desprenderse del dolor pasado.
- Es válido ser diferente. No tienes por qué seguir defendiendo tu derecho a existir.

A menos que encuentres un terapeuta que trabaje explícitamente en estas cuestiones básicas, no tiene sentido que vuelvas. Al mismo tiempo, escribe por favor estos puntos y empieza a trabajarlos por tu cuenta. La sanación siempre está al alcance. Has recorrido un largo camino y ahora has llegado al meollo de la cuestión. Puede que sanar sea difícil, pero es una tarea que se ha logrado muchas veces y, cuando encuentres la orientación adecuada, tú también la lograrás.

Una jefa mala

Hace ocho meses me fui del trabajo porque mi jefa era agresiva y me faltaba el respeto. Cuando me quejé a sus superiores, no hicieron nada para corregir la situación. Ahora me ha dado malas referencias para posibles futuros trabajos. Parece como si no pudiera huir de ella. ¿Qué hago?

Celine, 58, Minneapolis, Minnesota

Hay una respuesta a corto plazo a tu dilema, y otra a largo plazo. La primera es explicar abiertamente en la entrevista de trabajo la fricción que hubo. Trata de ser franca y adulta, sin echar la culpa a tu antigua jefa ni poner excusas. Los empleadores se quedarán con la impresión de tu sinceridad. Ofrece otras referencias de tu antiguo trabajo, si quieres, pero creo que nadie dejará de ver quién eres en realidad por una mala referencia.

La respuesta a largo plazo exige algo de trabajo interno en ti misma. Percibo que te sientes engañada y herida, pero también ofendida y quizá culpable, como si hubieras provocado tú su mal comportamiento o no hubieras sabido mejorarlo. Esos sentimientos son los lazos que te unen a tu antigua jefa. Debes hablar sobre ellos con alguna persona madura que te comprenda y que te guíe compasivamente. No saldrá nada bueno si sigues dándole vueltas a tus propias ideas y reviviendo el pasado para tratar de sentirte mejor. Tienes heridas auténticas dentro de ti, aunque sean invisibles. Trata de dar los pasos necesarios para encontrar la manera de sanarlas. Espero que te sirva de ayuda.

Deseosa de tener otro hijo

Mi marido y yo tenemos una hija preciosa que acaba de cumplir cuatro años. Yo quiero tener otro hijo, pero mi marido no. Nos hemos peleado mucho y ahora a él le cuesta funcionar en la cama. Para mí, es solo otra manera de evitar lo que yo tanto deseo. No puedo creer que no sienta lo mismo que yo.

Marianne, 36, Denver, Colorado

Debes dejar de presionar a tu marido y de presionarte a ti. Es el estrés lo que provoca sus dificultades. ¿Me permites recomendar un tiempo de espera diferente? Escríbele una carta en la que enumeres todas las razones por las que quieres otro hijo y trata de expresarte de la manera más completa que puedas. Pídele que te escriba una carta en la que él exprese también las razones por las que no quiere otro hijo, en la que manifieste todas sus dudas.

Después, leed cada uno por separado la carta del otro y olvidaros de ellas durante cuatro meses. No saquéis el tema. Dejad que el tiempo haga su trabajo. Al cabo de cuatro meses, coged otra vez las cartas. Lee solo la tuya y pregúntate si tu postura ha cambiado. Tu marido debería hacer lo mismo. Si ninguno de los dos ha cambiado, dejad las cartas otros cuatro meses. Pero si, como sospecho, la postura de cada uno se ha ablandado un poco, hablad del tema. Si aun así sigue sin haber acuerdo, escribid otras cartas. Creo que esto funcionará si de verdad prometéis no tocar el tema en el ínterin.

Feudo familiar

Mi hijo adulto y mi marido tuvieron una acalorada discusión en Navidad, y aunque mi marido se ha disculpado y le ha pedido una segunda oportunidad, mi hijo y su novia no quieren saber nada de nosotros. Mi hijo nos culpa de todo lo que le ha pasado de malo en la vida. Estamos destrozados, y él controla la situación. Hasta que esto sucedió, éramos una familia sin problemas.

Carlene, 56, New Hampshire

¿Es posible que una familia sin problemas quede desgarrada por una sola discusión, por muy amarga que sea? Aquí hay resentimientos escondidos, y han estado ocultos desde hace tiempo. Los sentimientos de tu hijo, a su criterio, son completamente justificados; y completamente injustificados según tu marido y tú. Estáis en un *impasse*. Cuando pasa algo así, lo mejor es retroceder. Tener un tercero en medio —la novia— no hace más que acrecentar la distancia entre vosotros.

Como tienes cincuenta y seis años, supongo que tu hijo es un adulto hecho y derecho, pero quizá no actúe como tal. Cabe la posibilidad de que sea inmaduro emocionalmente. Su mal genio, tal como lo describes, parece adolescente. A pesar de todo, como dices, controla la situación. Se enfrenta a una vieja pregunta: ¿podrá volver alguna vez a casa?

La respuesta es sí, pero hay una trampa. Podrá, siempre y cuando haga las paces con el pasado. Me gustaría tener mejores noticias para ti, pero tu hijo no está en paz. No acude a ti en busca de consejo o sanación. Ojalá lo hiciera. Por ahora, déjalo que tome distancia. No lo presiones de ninguna manera. Muéstrate educada y amable si llama. Con el tiempo, recordará lo bueno de ti y de su padre. Y, cuando eso suceda, dependerá de él hacer el primer gesto de reconciliación.

¿Iluminada o feliz?

La iluminación y la felicidad, ¿son la misma cosa?

Dee, 52, Boston

La sencillez y franqueza de tu pregunta es un soplo de aire fresco. Pero me pone un poco en un aprieto no saber por qué haces la pregunta. Si piensas que la iluminación es una buena manera de ser feliz, diría que esa esperanza es una ilusión. Iluminación significa despertar a la conciencia plena, un estado en el que ya no existen las preocupaciones del ego. Se trata de un estado alejado de toda medida.

Pero para llegar a la iluminación, una persona debe recorrer el camino espiritual y, efectivamente, ese viaje incrementa la propia felicidad debido al lugar al que nos lleva, que es acercarnos cada vez más al verdadero yo. El verdadero yo es el núcleo de lo que solemos llamar «yo», pero que no se ve eclipsado por los altibajos de la vida cotidiana. El yo verdadero no tiene planes; se contenta con el mero hecho de «ser». Y en el mero hecho de «ser» hay una felicidad de una calidad inocente y sencilla. Todos la experimentamos por momentos, cuando estamos es un estado de goce sereno como el que da mirar el cielo azul en un día de primavera sin el menor pensamiento perturbador dentro.

No todos los días serán azules ni de de primavera. Por lo tanto, en el camino espiritual, las personas aprenden a descubrir ese tipo de felicidad sin necesidad de que pasen cosas bonitas en el exterior, sino que la encuentran en ser quienes son de verdad. No es algo místico. Los niños están contentos de ser quienes son. El truco consiste en recuperar ese estado de adulto, una vez vistos el lado luminoso y oscuro de la vida. Te animo a que pruebes el camino por ti misma. He escrito un libro, *La receta de la felicidad: las siete claves de la felicidad y la iluminación*, que habla del camino a la felicidad en detalle.

¿Cuándo es un engaño?

Hace seis años que estoy casada con el mismo hombre con el que estamos educando a tres hijos adolescentes. Mi marido me engañó antes de nuestra boda con la madre de su hijo menor. Como es la madre de su hijo, sigue formando parte de nuestra vida. Hace poco me enteré de que la llamaba en secreto. Su excusa es que no me está engañando y que tengo que superar aquello. Pero me siento traicionada. ¿Debo dejarlo? ¿Tengo derecho a sentirme así? Estoy confundida.

Sherry, 35, Los Ángeles

Casi todo el mundo compartiría tu reacción. Engañar, más que una acción, es una actitud. Para que un hombre deje de engañar (supongamos que hablamos por el momento de maridos que engañan), primero tiene que cambiar de actitud. Solo entonces el cambio de comportamiento significa algo. Si solo cambia el comportamiento, el resultado será superficial y su mujer siempre estará nerviosa e insegura por una probable recaída, como estás tú ahora.

No insisto en la idea de que «el que engaña una vez engaña siempre», pero esta surge de la triste experiencia. He aquí los elementos que intervienen en la psiquis de los hombres que engañan:

- Cuantas más mujeres tengo, más atractivo me siento.
- Los hombres no están diseñados para la monogamia.
- Acostarme con otras le da un respiro a mi matrimonio. Es como unas vacaciones.

- La otra no significa nada para mí. No entiendo por qué mi mujer está tan enfadada.
- Un hombre de verdad puede satisfacer a más de una mujer.
- Si puedo salirme con la mía, lo hago.
- Tengo derecho a ser yo mismo; y yo soy así.
- Es más fácil buscarme otra que encarar los problemas con mi mujer.
- La verdad, es culpa de mi mujer; no me satisface.
- Soy una persona abierta; no puedo hacer nada si otra gente, incluida mi mujer, no lo es.

No digo que tu marido tenga todas esas actitudes —ninguno que engaña las tiene—, pero tu carta señala algunas y él las ha convertido en parte de sí mismo. Es su historia, y está harto de ella. ¿Puedes hacérsela cambiar por amor a ti? No. Si te quisiera lo suficiente para cambiarla, para empezar no te engañaría.

No quiero ser pesimista. Ten esperanzas, pero vigila tu esperanza. Si tu marido te dice la verdad y ya no te engaña, entonces tienes que asumir la responsabilidad y ocuparte de tu propia inseguridad. Es inevitable que tener una pareja infiel resulte devastador para la propia sensación de sentirse deseada, digna, protegida, cuidada y apreciada. Debes usar tu estado vulnerable para adquirir todo eso por ti misma. De todas formas, si emprendes ese viaje de sanación, el primer paso es que tu marido acceda a cambiar de actitud. De lo contrario, es como si tú trataras de vaciar la bañera, mientras él sigue echando agua.

Un dolor persistente

Mi único hijo murió hace diez años en un accidente en la autopista. Tenía veintitrés años y era la luz de
mis ojos. Ambos trabajábamos en la sala de urgencias
del hospital local. Su padre y yo nos divorciamos cuando él tenía tres años. Después de esta pérdida terrible,
empiezo ahora a respirar otra vez. Sufro de estrés pos-
traumático como consecuencia y mi espiritualidad ha
estado profundamente alterada. Aunque la mayoría de
la gente no se dé cuenta, me siento muy ausente de todo
y todos. Vivo en un lugar muy hermoso en el río Yel-
lowstone y me consuela observar la flora y la fauna, especialmente en invierno, cuando llegan las águilas. Pero
mi sufrimiento mental no ha terminado y no sé qué hacer.

Brenda, 63, Montana

Te acompaño en el sentimiento, porque en situaciones
como la tuya el duelo es devastador. Pero también voy a
ser realista, lo que exige cierta franqueza. Has estado viviendo a través de tu hijo, cosa muy frecuente en las ma-
dres solas. Se convirtió en parte de ti, y parte de tu identidad se fue con él. Suele suceder en relaciones muy íntimas
en que dos personas crean una única persona y cada una
de ellas llena los vacíos y huecos de la psiquis de la otra.

Con el tiempo, un hijo de veintitrés años habría encontrado la manera de separarse y, aunque el proceso hubiera resultado difícil, tú habrías encontrado la manera de
conservar su amor. La separación súbita, debido a su muerte accidental, te ha dejado desgarrada, y el aturdimiento,
la confusión, la alienación, la depresión y esa sensación de

«muerte en vida» que ahora tienes son el resultado de no poder reconstruir una persona entera con los fragmentos que han quedado.

La lectura de libros espirituales, por mucho consuelo que ofrezcan, no te ha llevado en la buena dirección, sino que te han retraído y aislado más. Me alegro de que el bálsamo de la naturaleza te consuele, pero hay un proyecto práctico que te aguarda: volver a armar tu yo sin las piezas de tu hijo que faltan. He aquí los pasos más importantes para llevarlo a cabo:

1. Decide que quieres ser una persona completa.
2. Reconoce que tu hijo no puede llenar los vacíos que llenaba.
3. Considérate una persona digna de ser feliz y merecedora de un futuro pleno.
4. Relaciónate con gente que te quiere plena y satisfecha.
5. Pide a las personas más maduras y realizadas de tu vida que te ayuden y te apoyen.
6. Busca un consejero o un terapeuta que te haga ver tus progresos y dificultades de forma realista.
7. Acepta los recuerdos, la pérdida, el dolor y las heridas.
8. Aléjate del papel de víctima de una vez por todas.
9. Aprende a honrar tu dolor, pero deja más espacio para el amor.

Escribe estos nueve pasos y analízalos seriamente. Esperar pasivamente que el tiempo cure las heridas no funciona. Debes poner manos a la obra para ser realista y objetiva. Tienes que comprometerte plenamente a reclamar tu propia vida. Si puedes hacerlo, serás un monumento vivo a la memoria de tu hijo en lugar de una lápida viva. Un monumento vivo del cual él estará orgulloso.

Sentirse triste... ¿o hay algo más allá?

Estoy tratando de cambiar mi forma de pensar para que sea más positiva. Me vienen malos pensamientos, pero trato de apartarlos y no prestarles atención. La mayor parte del tiempo estoy bien, pero tengo momentos de depresión. No tomo medicamentos ni quiero tomarlos. ¿Cuál es el primer paso para cambiar la situación y empezar a crear mi propia realidad, porque sé que puedo?

Jennifer, 47, Northern Virginia

Cuando alguien dice «estoy deprimida» por lo general a continuación explica la razón; pero tu carta es bastante reservada. Solo indicas que luchas con pensamientos negativos y quieres que te tranquilicen, asegurándote que puedes volver a ser positiva; lo que implica un estado de inseguridad, dudas sobre ti misma y sensación de vulnerabilidad. ¿Por qué tienes miedo de no estar bien?

La respuesta está dentro de ti misma, así que el primer paso es examinarte de cerca en el espejo y buscar una razón de tu estado depresivo, cada vez que te ocurra, en la que puedas confiar. Por ejemplo:

- Estoy atascada en una mala situación.
- Otra persona me está controlando.
- Me siento impotente para cambiar mis circunstancias.

- Me siento en el papel de víctima.
- Siento que nunca tendré éxito.
- Estoy en una situación de carencia.
- Tengo cambios de estado de ánimo desde hace tiempo, pero no sé por qué.

No son preguntas preparadas para todo el mundo. No quiero que te las hagas sin pensar. Pero si alguna de ellas puede aplicarse a ti, indica también la salida. Por ejemplo, las circunstancias, o situaciones malas que te hacen sentir atrapada pueden cambiar. Si es así, deberías alejarte hasta aterrizar en algún lugar en que te sientas más segura. De la misma forma, si alguien está controlando tu vida, tienes que recuperarla. Si te sientes fracasada o desesperada, tienes que ocuparte de tu autoestima. Si te pones negativa sin razón aparente, lo adecuado sería que consultaras un médico.

La tendencia de la depresión —porque hace que te sientas impotente y desesperada— es empañar la verdad, y la verdad que tienes que vislumbrar es que existe una salida. No estoy tan seguro de que estés deprimida. Tengo la sensación de que te sientes insegura y controlada por razones que no has revelado. ¿Es posible que no te sientas lo bastante segura para contar el problema ni siquiera en una carta?

El felpudo

Tengo una vieja amiga que está siempre en medio de alguna crisis. Me llama para quejarse de su soledad y no se le ocurre nada de lo que estar agradecida. Toma medicamentos por un trastorno bipolar y también bebe mucho. Además fuma, se lía con hombres casados y está a punto de quedarse sin casa después de gastarse una buena herencia. Hace años que la escucho comprensivamente y me preocupo por su bienestar, pero últimamente me siento como una especie de bastón en el que se apoya. Sus llamadas me dejan exhausta emocionalmente, pero mis sugerencias para que sea más positiva le causan resentimiento. ¿Qué debo hacer?

Selma, 35, Chicago

Los lectores deben estar meneando la cabeza y preguntándose por qué quieres ser el felpudo de alguien que te pisa. Has perdido años consintiendo todos los problemas que ella misma se causa, un papel desagradecido allí donde los haya. Apenas te has permitido intervenir mientras tu amiga acapara toda la conversación sobre ella. Y, ahora, para colmo, intentas sentirte culpable por no hacer suficiente.

Por favor, trata de desarrollar la cualidad interna llamada fortaleza. De lo contrario, aunque te alejes, volverás a ser el felpudo de alguien. Lo primero es empezar por poner límites. Tu amiga te pisotea porque la dejas; y cuando tú, débil y amablemente, te defiendes, se ofende. Deja que siga su camino. Aprende cuándo es el momento de decir no, comprobando antes cómo te sientes. Si alguien se está aprovechando, la sensación nunca es buena. Nota cuándo no te sientes bien y pon límites tales como «solo puedo hablar unos minutos». Cuando veas que respetan tus límites, descubrirás que, por muy buena sensación que produzca ayudar a los demás, es igual de agradable ser fuerte.

¿Debe irse o quedarse?

Me casé con mi marido hace diecisiete años, a pesar de que no estaba enamorada de él. Como madre soltera, quería que mis hijos pequeños tuvieran una familia de verdad y me dije que era lo que «debía hacer». Ahora que mi hija es bastante mayor para irse de casa y que mi hijo la seguirá pronto, siento como si se me cayera el mundo encima. Lo único que me queda es un matrimonio monótono, no tan malo como para tener que dejarlo, pero no tan bueno como para sentirme satisfecha de haber hecho algo bueno con mi vida. Me siento como si estuviera establecida, pero establecida en la desdicha. Me gustaría saber si solo es una fase menopáusica o es mi alma que se queja.

May, 46, Seattle

Cuando la gente plantea varios problemas, hay una categoría que destaca. Sea cual sea la dificultad o el conflicto, a cierto nivel la persona sabe qué hacer. Básicamente pide permiso para hacerlo, y tú entras en esa categoría. Nadie hace preguntas tendenciosas como «¿Debo volver a ser desdichada y a estar aburrida?», a menos que ya conozca la respuesta. A tu criterio, ¿qué sería un matrimonio lo suficientemente malo como para dejarlo? ¿Que tu marido te prendiera fuego?

Hay algo conmovedor en tu situación: que valoras el valor del deber —hacer lo que es debido— por encima de la felicidad. Es algo pasado de moda y, a su manera, noble. Pero has acabado haciendo un muy mal negocio en este matrimonio, y habría que preguntarse por qué tu marido quiere una esposa que no lo ama. Creo que es evidente que, a nivel de intimidad o sinceridad emocional, nos os comunicáis. Así que salir de este matrimonio tal vez sea lo más honesto que hayas hecho en muchos años. Te aplaudo por despertar y ponerte en marcha.

El problema con la vida es...

Me fastidia la expresión «benditos sean todos los seres». ¿Cómo es posible que todos los seres sean benditos al mismo tiempo? A veces la vida de uno implica la muerte de otro. Si miramos a nuestro alrededor, la vida se alimenta con otra vida para sobrevivir. Hasta los vegetarianos que no usan ninguna prenda de piel necesitan una porción de la tierra como espacio vital y ahuyentan o matan a los insectos que quizá vivan allí. ¿Es necesario hacer una distinción entre la bendición física y la espiritual para justificar esta aparente paradoja?

Lee Ann, 54, El Paso, Texas

Mi primer impulso es preguntarte si eres una especie de «doña angustias». No hace falta que te frustres con preguntas fundamentales para las cuales no hay respuesta. Las bendiciones expresan buenos sentimientos y deseos, y no fueron inventadas por filósofos con doctorados. Pero tras una reflexión, me doy cuenta de que tu pregunta es más indirecta. No te preocupa que los vegetarianos hagan daño a las zanahorias que arrancan de la tierra, sino la existencia del dolor y la crueldad, esa especie de padecimiento que cada vida trae consigo.

Para ti, el tema del sufrimiento no está resuelto, y te

admiro. Pero centrémonos en «tu» sufrimiento en lugar del que la vida se inflige a sí misma. Si percibes tu propia vida como algo lleno de riesgo, peligro, injusticia, inhumanidad, entre otras cosas, significa que eres una persona sensible. El hecho de que yo resuelva la cuestión moral, no va a eliminar esos sentimientos. ¿Qué los eliminará entonces? Tomar en serio tu empatía y hacer una de dos: o ayudar a los que sufren o emprender el camino de la autoconciencia. Por supuesto que no son opciones incompatibles.

Creo que cuando empieces a ayudar a los demás descubrirás que el sufrimiento no mata el espíritu humano. Estamos aquí para cuestionar y anhelar. Si abordamos nuestra naturaleza de una forma sana, este anhelo nos hace crecer. Si no abordamos nuestra naturaleza de una forma sana, damos vueltas a la preocupación sin otro resultado que más preocupación aún.

Aguantar a un cascarrabias

A medida que mi marido se hace mayor, es cada vez más cascarrabias, hasta tal punto que no quiero estar con él en público. Le encuentra defectos a todo y no puede resistir regañarme a mí y a cualquiera que esté cerca. En los restaurantes grita a los camareros. Por teléfono usa un vocabulario terrible. Y en cuanto a mí, me critica hasta los más mínimos detalles. Hace dos años le escribí una carta donde le decía que no iba a tolerar más su mal comportamiento. Si no cambiaba, nuestra relación se acabaría. Después de aquello, las cosas mejoraron hasta hace unos seis meses, en que volvió su mal genio y comportamiento grosero. Créase o no, sigo queriendo a mi marido, pero no me gusta cómo es. ¿Qué debo hacer?

Elizabeth, 65, Detroit

Oigo una voz dentro de mí, y de la mayoría de los lectores, que dice: «Abandona a ese cabrón.» Los hábitos de tu marido están muy arraigados, aunque mejore por momentos. Pero no puedes marcharte hasta que tomes algunas decisiones básicas. La primera es la más importante: ¿es una situación que puedes arreglar? Para responder sí, debe ser cierto lo siguiente:

- Tu marido admite y reconoce el problema.
- Se arrepiente de perder los estribos.
- Pide ayuda.
- Quiere incluirte en el proceso de sanación.
- Ves indicios de mejoría cuando actúas.

En tu caso, el último punto es motivo de esperanza. Viste indicios de mejoría cuando le diste un ultimátum. Te tomó en serio, pero ahora ha tenido una recaída. ¿Puedes comunicarte con él de nuevo? El ultimátum es un recurso que deja de funcionar después de la primera vez y se convierte en amenazas vacías cuando demuestras que no te marcharás.

Además, percibo que te gusta agradar. Quizá necesites orientación profesional para encaminar tu decisión. Después de visitar a un consejero o un terapeuta que te ayude a ver que no hay solución, encontrarás la fuerza para salir de la situación sin culpa ni remordimiento. Te aseguro que la vida de ese hombre irá rápidamente cuesta abajo sin ti.

También me gustaría hablar un poco más sobre su ira. A su edad, supongo que está jubilado. Los hombres que dejan un trabajo que era todo para ellos acaban, aunque no por su culpa, amargados o sintiéndose injustamente tratados. Es esta amargura interna la causante de los arrebatos. Se siente «mejor» haciendo sentir mal a los otros. Su sensación de pérdida se ve compensada demostrando a los demás que está mal. Pero como no lo quiere reconocer, disfraza sus sentimientos ocultos con ira. Si crees que ha sufrido un súbito cambio de personalidad, también habría que contemplar la posibilidad de hacer pruebas médicas.

También se me ocurren otros elementos, como su necesidad de tener razón. Este es un síntoma de problemas con el control. Tal vez en su trabajo tenía autoridad y podía decir a los demás cómo debían hacer su tarea. O era un perfeccionista maniático o alguien que nunca estaba conforme. Es posible que la edad haya exacerbado esas tendencias. Esto sucede porque la gente mayor a menudo se desprende de los límites sociales y se desinhibe. Su excusa para ser grosero es ser «demasiado viejos para que me importe lo que piensan los demás». Es triste, pero bastante común.

Espero haberte dado suficiente información para tomar las decisiones adecuadas; ninguna de ellas es fácil. No tienes por qué vivir con un cascarrabias insufrible que no quiere admitir que es él quien necesita corregirse, en lugar del camarero que derrama el café. No vuelvas a caer en la inercia. Si te examinas detenidamente, encontrarás los medios para tomar algunas decisiones difíciles.

Nervios de amor

Tengo una relación desde hace dieciséis meses, y nunca en mi vida he estado tan enamorada. Me ama incondicionalmente y me lo repite cada vez que tiene ocasión. ¿Por qué entonces me siento tan insegura? ¿Por qué, de repente, me entra pánico de perderlo y que se vaya con otra? No quiero contaminar esta relación con sentimientos negativos que no logre superar.

Laura, 43, Nueva Jersey

Bueno, el amor es así. Produce dolor y dicha al mismo tiempo, y por la misma razón, porque salen a la luz aspectos muy profundos de nosotros mismos. La receptividad que brinda el amor, si tenemos suerte, no solo consiste en abrirse a las mejores cosas de la vida. Además nos sentimos de nuevo niños, lo que produce una sensación de necesidad que nos hace muy vulnerables.

También me he detenido en las palabras «amor incondicional». Nadie que te conozca hace solo dieciséis meses puede amarte incondicionalmente. Es una promesa maravillosa y una meta deseable, pero aún no habéis llegado; y una parte de ti lo sabe. No eres una adolescente, ya te has enamorado y desenamorado antes. Así que mi consejo es que tomes tus sentimientos como la agitación típica del amor y sigas adelante. Cuando alguien me pregunta: «¿Cómo hago para encontrar a la persona adecuada?», mi respuesta es: «No la busques; sé tú la persona adecuada.» Y lo mismo es válido para ti.

Verlo de otra manera

Cuando miro a mi alrededor, veo demasiado dolor y sufrimiento causados por la maldad, las catástrofes y la crisis económica. ¿El peligro se cierne sobre nosotros todo el tiempo o hay otra manera de ver las cosas?

Len, 31, Portland, Oregón

Estoy seguro de que te das cuenta de que hay otra manera de ver las cosas, así que tu pregunta en realidad es sobre la manera de hacerlo. Uno no puede convencerse a sí mismo de ver el sol en un día de lluvia. Si lo intenta, se está engañando. Mucha gente, que se considera realista, siente lo mismo acerca del bien y el mal. No pueden apartar la mirada de los aspectos negativos de la vida porque el realismo exige que aceptemos tanto lo amargo como lo dulce.

Pero ¿quién puede decir que lo amargo es más real que lo dulce? Si tu visión de la vida incluye la paz y el amor, si has renunciado a la violencia, si sigues un camino espiritual... estas cosas no significan que no seas realista, sino que aspiras a una realidad más elevada. No me refiero a Dios, pero tampoco excluyo la religión. Hablamos del potencial oculto. La naturaleza humana está dividida, contiene tanto luz como oscuridad. Podemos inclinarnos por aceptar la oscuridad y lamentarnos, o por expandir la luz hasta que la oscuridad ya no sea el elemento dominante.

No hay manera de evitar esta elección, que es muy personal. Sé que hay millones de personas alienadas y desencantadas. Se sientan pasivamente a mirar las últimas noticias de violencia y catástrofes, corrupción y delitos, y se dejan llevar por el telediario de la noche. Pero también es cierta la vieja idea de que una vela basta para acabar con la oscuridad. Una vez que hayamos elegido vivir conscientemente, habremos hecho todo lo posible para derrotar el lado oscuro de la naturaleza humana y para descubrir que se puede encontrar y vivir una realidad más elevada.

Patrón de abuso

Me he divorciado hace casi cinco años después de estar casada durante veinte, y mi exmarido era un maltratador emocional. La primera relación que tuve después del divorcio acabó mal por el alcoholismo de mi pareja. Ahora tengo miedo de acabar otra vez en una relación desastrosa. ¿Cómo puedo romper ese patrón y avanzar?

Rhonda, 46, Grand Rapids, Michigan

Estar inmersa en relaciones de abuso implica dos tendencias íntimamente vinculadas. La primera es la propensión a pasar por alto las señales de alerta. Las personas no son libros cerrados ni códigos secretos, sino que lanzan señales. Se comportan de forma elocuente. Si no se pasan por alto esos avisos, no resulta difícil ver quién es maltratador, controlador, egocéntrico, indiferente, dominante, cruel o un adicto grave. No digo que los hombres que conozcas vayan a presentarse con total franqueza y honestidad. Por supuesto que no; nadie lo hace. En situaciones sociales siempre mostramos nuestra mejor cara, especialmente cuando tratamos de conquistar a alguien.

La segunda tendencia es pasar por alto las señales que indican quién es una buena pareja para ti. Resulta bastante fácil no percatarse de las luces rojas, ya que deseamos ver lo mejor de los otros. Piensas, y con razón, que las sospechas y la desconfianza no son el mejor lote para llevar a una nueva relación. Pero pasar por alto las cosas buenas de los demás es igual de destructivo, porque la mayor parte de la gente tiene una imagen mental de lo que es la «persona indicada», y desecha a todas las que no se ajustan a esa imagen. Piensa en los hombres que has rechazados por aburridos, o por no ser lo bastante guapos, ricos o listos, o que su único defecto era no vivir a la altura de una imagen artificial. Todo esto va acompañado de la adicción de la sociedad a considerar las cualidades externas como las más importantes. Hay montones de mujeres y hombres solteros, guapos, exitosos, encantadores, que aparecen en los programas de televisión para encontrar la pareja perfecta. ¿Cuántos matrimonios felices han resultado de aquello? Uno o dos como mucho, e incluso estos todavía tienen que superar la prueba del tiempo.

La cuestión fundamental, pues, es cómo dominamos esas tendencias teniendo en cuenta que queremos ver de antemano las señales de alerta, pero también las virtudes ocultas. La capacidad de hacerlo es algo que surge de forma natural, pero las bloqueamos de diversas maneras. Has mencionado un gran bloqueo, basado en el miedo por los fracasos y sufrimientos del pasado. Como señaló Mark Twain en una oportunidad, el gato que se ha sentado una vez en una estufa caliente, no vuelve a sentarse allí nunca más, esté fría o caliente. Que es como decir, no puedes fiarte de tus viejas heridas. Debes aprender a abrirte y surgirán nuevas oportunidades. Tienes que aprender a mirar más allá de la imagen arraigada que te impide ver a los demás tal como son en realidad: siempre una mezcla de bueno y malo.

Gran parte de esto es cuestión de ambivalencia. Cuando logramos ver lo bueno y lo malo de alguien, ¿cómo reaccionamos? Si somos maduros, aceptamos lo bueno y toleramos lo malo, pero solo hasta cierto punto. Ser ambivalente no es lo mismo que estar en una relación perfecta; es un estado de tolerancia. Al llegar a dicho estado, emerge algo nuevo. Ya no estamos cegados por la fantasía del amor perfecto, somos menos críticos, no juzgamos tanto a los demás, tenemos menos miedo y desconfianza. A estas alturas podremos hacer lo más importante: saber qué necesitamos y cómo conseguirlo. La mayoría de las personas están confusas con respecto a lo que en realidad necesitan y, por lo tanto, buscan en el sitio equivocado.

Te sugeriría que lo que necesitas es seguridad, tranquilidad, amor y generosidad, en este orden. No podemos pasar no tener en cuenta las relaciones hirientes de tu pasado. En una etapa más avanzada, cuando te sientas más segura, podrías buscar amor, compasión y sabiduría como prioridades. Una vez identificadas tus necesidades, busca una posible pareja de manera realista, alguien que pueda satisfacer tus necesidades. Sal con candidatos, relaciónate durante un tiempo y pon a prueba la capacidad de la otra persona. Sé lo fácil que resulta sentir que una no puede plantear demandas, ya que te centras en agradar al otro. Te cohíbe y preocupa si eres lo bastante joven, lo bastante guapa y lo bastante buena. Pero así es como las malas relaciones te explotan en la cara. Como te centras en tus propios defectos, dejas de poner a prueba si la otra persona en realidad satisface tus necesidades.

Una vez que cambies el foco de tu atención, podrás empezar a ser más realista con respecto a cómo es la otra persona y qué puede ofrecer. Creo que este es el paso más importante, y espero haberte dado suficientes claves sobre lo que debes buscar en el futuro para que este no sea una mera repetición del pasado.

Saltamontes espiritual

Por mucho que trabaje en algo, por mucho que trate de llegar a los demás, por mucho que medite, contribuya o altere mi estado mental, todo en mi vida sigue siendo igual. Nunca cambia nada. Trabajo conmigo mismo por dentro y por fuera, pero mi situación no se mueve. ¿Qué me pasa y por qué estoy atascado?

Danny, 50, Atenas, Grecia

Estás aquejado de un caso grave de superficialidad. Si te pidiera que prepararas una comida, ¿correrías a la cocina, abrirías los armarios y empezarías a tirar comida por todas partes? Eso es lo que estás haciendo con tu vida. Pareces un pajarillo espantado que vuela de un lugar a otro. El tono de tu carta es de melodrama limítrofe con la histeria. Sospecho que eres una persona nerviosa, pero encantadora, que se agota y preocupa, pero que se las arregla bastante bien. Así que mi consejo es que te pares frente al espejo y decidas cuándo vas tomarte las cosas en serio. En ese momento, te llegará la ayuda y cambiarás.

Lo que estás experimentando ahora es prácticamente un cambio constante, pero que te hace perder el tiempo. Por suerte, si es que existe un poder superior, también se ocupa de cuidar a los saltamontes.

¿Qué significan mis sueños?

A veces tengo sueños que no significan nada, pero con frecuencia son mensajes. Parecen sueños ligados a cosas que sucederán en el futuro próximo. Cuando sueño con mi hijo mayor, suele ser un aviso para él; y esto lo ha salvado varias veces. En diciembre soñé con la muerte de cuatro personas el mismo día. Esa misma semana, salió en las noticias que cuatro obreros de la construcción habían muerto al caer de un edificio. No diría que poseo poderes, pero muy dentro de mí siento que pasa algo real. ¿Está todo en mi cabeza o tiene un nombre especial lo que me sucede?

Carla, 35, Tampa, Florida

Estoy de acuerdo en que hay algo, pero no siempre es fácil darle nombre. Y es aún más difícil que los otros crean en una experiencia que no han tenido ellos. Los sueños tienen una larga historia como transmisores de mensajes. Como mínimo, se consideraban significativos y misteriosos. Ahora, la balanza se ha inclinado hacia el otro lado y los neurocientíficos tienden a decir que los sueños representan una actividad cerebral confusa y azarosa.

Si tus sueños tienen sentido para ti, ¿no es suficiente validación? Yo también tengo sueños con sentido. A veces sirven de estímulo a la creatividad; otras, plasman mis emociones actuales o cosas aparentemente inseguras del futuro. Los sueños, por naturaleza, son personales e imprevisibles.

Los tuyos contienen un elemento premonitorio. Ves o percibes acontecimientos futuros, en general negativos. ¿Por qué? Porque aunque te preocupe que te llamen delirante o rara has abierto un canal a una parte más sutil de tu mente. Te has dado permiso para entrar en el reino de la intuición y la percepción... o quizá deberíamos decir para ver a lo lejos. Alégrate; millones de personas menos abiertas que tú se han cerrado a esos niveles más sutiles de la mente y no tienen acceso a la intuición ni la percepción. En cuanto al uso práctico de tus sueños, gran parte depende de lo que te parezca aceptable. Quizá podrías ayudar a más gente que a tu hijo. O puede que esto siga siendo una experiencia privada. No te resistas a ninguna posibilidad. Deja que tu corazón te guíe hasta la próxima etapa.

Un nivel a la vez

Hace muchos años que estoy en un viaje de sanación que cada vez es más espiritual, y me ha puesto más en sintonía con las cosas que me hacen sentir bien y plena. Pero hay una persona en mi vida, el hombre que vive conmigo, que continúa arrastrándome a la oscuridad de las dudas y la negatividad. Estoy muy confundida sobre la forma en que yo debería percibir nuestra relación. Estamos educando dos hijas. No tengo una conexión íntima con él, sin embargo sigo a su lado porque siento la responsabilidad moral de hacerlo, ya que debemos tener en cuenta a dos niñas pequeñas. Intento creer que puedo conseguir mi propia paz interior al margen de él. Él, por su parte, cree que representamos una familia normal (por fuera). Es un hombre muy preocupado por la imagen que da, y esta sufrirá un golpe si nos separamos. ¿Debo continuar mi propio viaje personal aunque esté en una relación insatisfactoria?

Gloria, 31, Ontario

Tu dilema tiene dos niveles que has mezclado, y este es el origen principal de tu actual confusión. Separémoslos y veamos si podemos aclarar un poco las cosas.

En un primer nivel, vives con un hombre con el que no estás conectada íntimamente y que no quiere cambiar las cosas. Es una cuestión de autoestima. ¿Te sientes una persona valiosa, digna de amor? Si es así, no deberías vivir con él sobre una base falsa, fingiendo una normalidad a pesar de que cada fibra de ti te dice que la realidad de la relación es disfuncional. Sin embargo, esto no significa que debas marcharte mañana. Tu prioridad debería ser examinarte y descubrir por qué te sientes indigna de amor, infravalorada, avergonzada, maltratada o que no mereces algo mejor que esta especie de desinterés.

No digo que todos estos adjetivos sean aplicables a tu caso, pero eres tú la que debe examinar a fondo tus propias motivaciones. Las de él, ya las sabemos: quiere tenerte en un puño. Justificas la trampa en la que has caído recurriendo a la moral y mencionando dos hijas pequeñas. ¿Cómo va a ser moral educar a dos niñas en un ambiente infeliz? Creo que si lo examinas un poco más en profundidad, verás que lo que te mantiene allí es la inseguridad y el miedo. Se trata de problemas personales serios, pero pueden abordarse, y, en tu caso, debes hacerlo.

En un segundo nivel, también quieres crecer espiritualmente. ¿Acaso tu vida en general no te está mandando ahora mismo un mensaje espiritual? Un mensaje que dice: «Emocionalmente, no estás en el lugar adecuado. Te conformas con muy poco. Tu conciencia está dominada por la resistencia.» Tu pareja es un adulto, aunque egoísta y limitado, así que acepta lo que dice: no le interesa unirse a ti en tu viaje de crecimiento personal. Tal vez se sienta amenazado por este, o tal vez lo considera ridículo o aburrido. Pero sin duda sabes que no va a apoyarte.

Una vez eliminadas las fantasías, verás que debajo de tus ilusiones hay mucho dolor y desengaño. Lo siento mucho, pero, para serte franco, el camino espiritual consiste en enfrentarse a la resistencia y buscar fuerzas dentro de nosotros. De lo contrario, toda la empresa se convierte en una aventurilla en el mundo de los sueños. Teniendo en cuenta lo difícil de las circunstancias, me alegro de que, en cierto modo, sientas que tu espíritu te sostiene. Pero tu espíritu no quiere verte atrapada de esta manera. No quiere que te retires a una especie de mística paz interior mientras a tu alrededor todo es rechazo y obstáculos. El lado positivo de tus reflexiones es que tu vida puede ser mucho mejor.

Resuelve el primer nivel del dilema, y el segundo empezará a resolverse solo.

Entrar en uno mismo

¿Cómo se hace exactamente para «entrar» en uno mismo?

Marian, 48, Atlanta

Gracias por una pregunta tan valiosa. Cuando sabemos exactamente lo que significa entrar en uno mismo, empiezan a resolverse muchos enigmas sobre el crecimiento personal. En realidad, todo el mundo ya está dentro. Cuando alguien nos pregunta qué tal estamos, qué pensamos o si cerramos la puerta de casa, automáticamente buscamos la respuesta dentro. La atención ya no está en el mundo exterior, sino en el interior.

¿Qué encontramos cuando entramos? Un mundo rico

en el que circulan pensamientos, sensaciones, recuerdos, esperanzas, deseos, sueños y miedos. Nadie es inmune al encanto de ese mundo. En ese lugar nos percibimos a nosotros y experimentamos todo lo imaginable. Pero por cada experiencia placentera, hay otra dolorosa.

Este es el punto de partida del crecimiento espiritual, porque los seres humanos, al ver que su dolor está centrado allí dentro —con ideas y recuerdos dolorosos, presentimientos y culpa—, quieren salir de ese lugar. ¿Es posible entrar en uno mismo y no sentir dolor? Incluso cuando estamos contentos y el día va bien, no puede evitarse la sombra de cosas malas que pueden suceder. De modo que no es a nivel del pensamiento donde existe la cura para el dolor. Nadie puede controlar los pensamientos dolorosos.

Por lo tanto, todos los grandes guías espirituales enseñan que hay otro nivel de la mente, donde reina el silencio. Si logramos experimentar ese silencio, la mente empieza a cambiar. En lugar de estar dominada por el miedo, la culpa y otras formas de dolor interno, domina el estado de seguridad y silencio. A partir de allí surge una sensación de bienestar y seguridad. Si continuamos en el camino y seguimos experimentando el silencio interior, nace la paz y luego la felicidad y el gozo. Se trata del despliegue del verdadero yo. Este el sentido pleno de «entrar» en uno mismo.

Maestros y guías

Si alguien tiene problemas para encontrar el sentido de la propia vida, ¿puede otra persona (quizá un maestro espiritual) hacerlo en su lugar?

Irene, 34, Estambul

Tu pregunta está en la cabeza de todos aquellos que se hallan en una búsqueda, sea espiritual o de otro tipo, como de amor o éxito. Encontrar un mentor o un guía ayuda a muchos en este proceso. Nunca he oído a nadie advertir: «Cuidado, no permitas que tu mentor te convierta en un seguidor ciego.» Sin embargo, cuando se trata de una búsqueda espiritual se oye con bastante frecuencia.

Lo menciono porque no sé si deseas de verdad un maestro espiritual o, por el contrario, tienes miedo de que un consejero o guía te influya más de la cuenta. Déjame decirte que nadie puede sacarte lo que voluntariamente no quieras dar. Hay infinidad de presuntos maestros que quieren conseguir poder y control (no solo en el ámbito espiritual, sino en todas las facetas de la vida). Ten cuidado de no permitirlo. La mejor protección es estar alerta. Vigila quién eres y qué buscas. Tu propósito no es gratificar a ningún maestro, guía o mentor, sino satisfacer tus metas personales más profundas.

Ya ves por qué tu pregunta no tiene una respuesta simple. Sí, un guía puede ayudar a indicar el camino hacia el propio sentido del yo y el propósito en la vida. No, un guía no puede reemplazar la propia búsqueda. Cuando conduces un coche por una ciudad, las señales indican la dirección de cada calle, pero eres tú quien mueve el volante.

¿De dónde venimos?

Estoy confundida. Si todos tenemos el mismo origen, ¿dónde entra la individualidad? Creo que todos venimos de Dios. Somos Dios viviendo una vida humana. Pero me cuesta entender de qué forma mi vida personal puede significar algo si todos somos el mismo espíritu.

Helen, 31, Terre Haute, Indiana

Si es que lo dije yo, lo has interpretado como una disyuntiva muy abstracta que ahora te hace sentir insegura. Intuyo que el motivo de tu pregunta no es obtener una respuesta final y absoluta. Si de pronto recibieras un mensaje de Dios que dijera: «Contengo todas las cosas. La plenitud de la creación se manifiesta a través de la individualidad, de la misma forma que la individualidad contiene y expresa la inteligencia infinita», ¿te sentirías segura? Me temo que no.

La cuestión aquí no es de dónde saca la gente su individualidad, sino cómo te sientes con la tuya. Algo relacionado con quién eres te está inquietando profundamente. La mayoría nos miramos en el espejo y sabemos lo que nos disgusta (no me refiero solo físicamente). A tu edad, treinta y un años, la lista de defectos suele ser larga (es una edad en que las personas por lo general son muy exigentes consigo mismas, y las grandes exigencias desembocan en los desengaños).

Este tipo de incomodidad no significa que seas inferior, sino que estás madurando y te ves con un criterio realista. Cuando vemos que no somos perfectos, podemos dejar atrás la adolescencia y aceptar la realidad. No es un peso ni una maldición. No es algo que haya que evitar. A fin de cuentas, enfrentarse a la realidad es la gran aventura de la vida. A partir de la madurez hay horizontes y caminos que llevan a la clave de muchos misterios. Te animo a explorarlos. Quizá, tal como has dicho, Dios nos haya creado a todos, pero no necesariamente con el mismo molde, ¿no crees?

Aprender a cambiar

¿Cómo se cambia? A los cincuenta y nueve años, ¿cómo se aprende a pensar de otra manera, a ver las cosas con otra luz, a seguir creciendo sin la fluidez de la juventud? ¿Cómo mantengo la curiosidad y el asombro de estar viva cada día? Quizá, sencillamente, me he perdido en algún punto del camino.

Barbara, 59, Eugene, Oregón

Me temo que tu mayor obstáculo es tu sistema de creencias, que has recibido de otras personas que te rodean. Según este sistema, la juventud es la época de cambio y flexibilidad. ¿De veras? En la actualidad, los jóvenes son los más inseguros y los menos capaces de tomar decisiones maduras con respecto a la vida. Tropiezan, experimentan y les preocupa encontrarse consigo mismos.

En otra parte del sistema de creencias, estar en la mediana edad es como estar agotada. Crees que lo mejor de tu vida ya ha pasado. En lugar de una renovación, lo único que queda es la lucha cotidiana para no caer en el aburrimiento y la falta de entusiasmo. En la actualidad, en la mediana edad sabes quien eres, tienes una identidad, has llegado.

De modo que la respuesta a tu dilema consiste en examinar tus creencias estancadas y tus viejos condicionamientos. Habla con aquellos que no estén bajo el peso de creencias tan limitadas. Necesitarás cierto valor. Te sientes segura en tu sombrío caparazón, pero si miras a tu alrededor, verás gente de mediana edad llena de entusiasmo, realizada, lista para abordar cualquier desafío y con ganas de enfrentar el mañana. Quédate con ellos, trata de ser receptiva a lo que creen sobre la vida, y el cambio llegará.

Diferentes credos

Me convertí al budismo en 1993, pero mi familia es cristiana y me recuerda constantemente que cuando yo muera no estaré con ellos en el cielo. Por lo general, sonrío y asiento porque no sé cómo responder. Siempre rezan por mí. ¿Qué puedo hacer con respecto a este bombardeo de culpa?

Mira, 57, Albany, Nueva York

Por lo que das a entender, tu familia es muy tradicional y unida. Si puedes, alégrate de eso. Tratar de estar estrechamente ligado es algo muy difícil en la vida de millones de personas. Pero cada cosa buena está enredada con otras cosas que no lo son tanto. En las sociedades tradicionales, la religión nos hace ser lo que somos: un miembro de la familia, la tribu, el grupo étnico, la raza y la cultura.

Quizás apenas unas pocas de esas etiquetas sean aplicables a tu situación, pero tu carta podría ser fácilmente la de alguien cuya familia está horrorizada de que se hubiera casado con un hombre de otro color u origen étnico. La tradición hace que la gente quiera aferrarse a su identidad. El cambio es el enemigo.

A los cincuenta y siete años, debes aceptar su punto de vista y seguir adelante. Ya estás demasiado mayor para dedicarte a aplacar a tu familia. Son cosas que se esperarían de alguien a quien doblas en edad. Supongo que les envías mensajes confusos. Haces todo lo que puedes para que tu familia crea que sigues siendo la de siempre, la que ellos aceptan plenamente. Sin embargo, hay una pequeña diferencia que destaca: el budismo.

No puedes cambiar su resistencia, pero puedes dejar de jugar a dos bandas. Demuéstrales que te sientes segura y eres feliz como budista. Déjales claro que las críticas no son justas ni bienvenidas. La próxima vez que empiecen, márchate de la habitación o de la casa, y repítelo hasta que reciban el mensaje de que tus profundas creencias están en zona prohibida y que pueden aceptar el resto de tu persona.

El hombre de arriba

Hace tiempo que me cuesta aceptar que siempre se refieran a Dios como «Él». ¿Qué puedo hacer para aceptar mejor esa tendencia sexista? ¿O debo buscar una aproximación más neutra a Dios, sin ningún tipo de sexo?

Doria, 36, Filadelfia

En la tradición judeocristiana, el concepto masculino de Dios está firmemente arraigado y ha llevado a millones de personas a imaginarlo como un patriarca con una larga barba blanca, sentado en un trono sobre las nubes. No sé si esto te molesta, te amenaza, te produce una sensación de injusticia o sencillamente te choca por lo limitado que resulta para una deidad universal que todo lo abarca.

Los creyentes de Oriente tienden a abrazar el concepto en dos niveles: personal y universal. Se reza y se adora a deidades personales representadas por diversas imágenes y en distintos santuarios, con la creencia de que tener un objeto humanizado al que mirar y venerar es algo humano. Al mismo tiempo, sin embargo, se concibe la verdadera naturaleza de la divinidad como infinita, ilimitada e inagotable. Coexisten dos versiones compatibles de Dios. ¿Te sirve?

Si no, mi consejo es que uses este dilema como parte de tu crecimiento espiritual. Trata de llegar al fondo de lo que realmente te molesta. Analiza la cuestión con los demás. Lee y crece. Pero te aconsejo que no dejes que este asunto —ni ningún otro— se conviertan en una espina clavada. En el camino espiritual hay muchas más cosas dignas de atención que si en una carta a Dios hay que usar la fórmula de *Señor* o *Señora*.

Una buscadora solitaria

Estoy en busca de Dios hace varios años. También he tomado antidepresivos la mayor parte de mi vida. En ocasiones he sentido la presencia de Dios: una sensación impresionante pero fugaz. Trabajo de enfermera en una residencia para enfermos terminales y me doy cuenta de que otras personas encuentran consuelo en su concepción de Dios. Yo, sin embrago, ya no logro conectar con una conciencia mayor o el Dios tradicional. Creo mucho más en la ciencia y en la probabilidad de que no haya otra vida después de esta. Es un sentimiento muy solitario, pero ¿para qué voy a rezar? Cuando lo hago, simplemente siento que hablo conmigo misma.

Me gustaría encontrar otra concepción de Dios que me dé esperanzas. Los ateos no tienen nada que esperar. Sé que no hay respuestas correctas ni equivocadas, pero quizás haya otra manera de ver el sentido de la vida sin un «padre que está en los cielos».

Cora, 52, Taos, Nuevo México

He citado extensamente tu carta porque muchos lectores se identificarán contigo y habrían descrito la situación con tus mismas palabras. Es mucho más fácil salir de una iglesia o templo que encontrar uno nuevo en el que entrar. Sin embargo, en realidad no hay una puerta nueva; el viaje es solo uno. La religión tradicional tiene la ventaja de venir preparada. Si rezas, respetas los mandamientos, crees en la teología y no te extravías, no hay necesidad de forjarse un camino propio.

Pero tú estás más allá de los caminos preparados y, a pesar de la soledad, deberías enorgullecerte de lo lejos que has llegado. No te encuentras en el final del camino ni al final de la creencia, sino en una estación intermedia. Cuando descubras cómo recorrerlo, verás que tienes mucho trecho por delante. Como estás trabajando con la muerte a diario, no puedes darte el lujo de hacerte las grandes preguntas sobre la vida y la muerte que casi todos postergamos hasta que una crisis nos saca de golpe de la inercia. Para ti, la muerte no es un tema vacío. Buena parte de tu vida depende de esclarecer la relación entre la vida y la muerte. En lugar de que esto se convierta en una carga, podrías convertirlo en una ventaja. Ten en cuenta que aquello que te motiva es descubrir quién es Dios en realidad.

Sin embargo, creo que lo mejor para ti sería que resolvieras primero tu sentimiento de soledad. Aunque no vivas en una gran ciudad, estoy seguro de que hay grupos espirituales cerca en los que te recibirían con los brazos abiertos por lo que puedes ofrecer: ser una buscadora inquieta que quiere nuevas respuestas, igual que ellos. Busca gente afín para experimentar la fraternidad y el apoyo que puedan darte. Eres una cuidadora nata. Ha llegado el momento de que te cuides nutriendo esa parte de ti que quiere pertenecer y recibir consuelo. La parte que le corresponde a Dios, llegará a su debido tiempo.

¿Me enfermo a mí misma?

Me diagnosticaron un cáncer de mama el pasado febrero, a los treinta y ocho años. Desde entonces, he leído mucho sobre la relación cuerpo-mente. Ahora que he acabado el tratamiento, no puedo quitarme de encima una duda insidiosa: ¿es posible que yo misma me haya causado el cáncer por mis patrones de conducta negativos o de otro tipo? He leído una explicación que dice que el cáncer de mama proviene de alimentar las necesidades de los demás y no hacer caso de las propias. ¿Es verdad? Pensar así me hace sentir muy culpable.

Yasmin, 39, Santa Mónica, California

Una de las cosas frustrantes de la medicina cuerpo-mente es que muchos pacientes, quizá la mayoría, se centran en cómo es posible que se hayan hecho algo así a sí mismos. La culpa sustituye la curación. Las dudas insidiosas bloquean la intención de sanar. A medida que esta preocupación se convierte en obsesión, se mezcla con muchas otras ansiedades, principalmente el miedo a la recaída. Por lo tanto, lo que ha empezado como una ayuda para poner la mente al servicio del cuerpo se ha girado y la mente se ha convertido en un lugar de terror y preocupación.

¿Cómo se sale del círculo vicioso? ¿Qué puede liberar la ayuda de la mente sin provocar dolor?

Primero, tienes que darte cuenta de que te has puesto en un doble aprieto echándole la culpa a la mente. Imagínate en cambio la mente como si fuera uno de tus padres. ¿Serviría de algo decir «necesito tu amor porque, para empezar, eres tú quien me ha hecho daño»? No, porque cuando mezclamos amor y dolor, culpa y sanación, los polos se combaten entre sí. Lo que sientes y describes es un conflicto interno.

Segundo, enfréntate al conflicto. La cuestión no es «¿me he hecho esto a mí misma?». Estate tranquila, no hay ningún estudio que indique que haya «personalidades propensas al cáncer». A pesar de la hipotética relación entre el estilo emocional de una persona y la posibilidad de estar en alto riesgo de contraer una enfermedad, son relaciones muy alejadas de condenar a una persona al cáncer. Las relaciones genéticas distan mucho de ser simples. De hecho, no se ha establecido ninguna que vincule directamente el cáncer de mama con algo específico.

Tercero, después de haber enfrentado el problema real, ten en cuenta el lado positivo de la medicina cuerpo-mente. Es un campo amplio y lo que ofrece es un camino hacia el bienestar en general. Es algo maravilloso que todos podemos incorporar a nuestra vida. Examina tu situación y decide, con el mayor realismo posible, dos cosas de la siguiente lista que podrían llevarte al bienestar:

- Menos estrés externo.
- Un grupo de apoyo de sobrevivientes al cáncer.
- Un tratamiento para la ansiedad y la depresión.
- Una comprensión más profunda de las últimas investigaciones cuerpo-mente.
- Exploración y crecimiento espiritual.
- Que te tranquilicen con argumentos médicos.
- Un ayudante para abordar las exigencias cotidianas.
- Meditación para calmar la mente.

- Que te toquen y calmen físicamente (masaje, trabajo corporal, etc.).
- Cercanía emocional de una pareja.
- Prevención y cambio de estilo de vida.

Tu enemigo es el aislamiento y la soledad, con la sensación de desvalimiento que conllevan. Cada uno de los puntos de esta lista de sugerencias combate el aislamiento y la impotencia. Depende de ti examinarte interiormente para evaluar tus necesidades inmediatas. Lamento decirlo, pero la medicina moderna es impersonal. Para la mayoría de nosotros, el apoyo de la sociedad tradicional ha quedado atrás. De modo que depende de cada paciente estructurar su propio bienestar. Te animo a emprender este viaje. Hay remedio para la época negra que estás atravesando.

En paz pero infeliz

La paz interior, ¿es lo mismo que la felicidad? No diría que soy feliz, pero ya no estoy seguro de que esa sea siquiera la pregunta apropiada. Siento una paz interior que me parece permanente. ¿Desaparecería si de pronto me encontrara sin techo o pasando frío? ¿O si me tocara la lotería? Quizá debería encontrar la manera de mantenerme conectado con esa paz en circunstancias extremas.

James, 48, Cork, Irlanda

Lo que experimentas no es paz, sino estancamiento, y lo que la mayoría de la gente llama estar un poco *depre*, tú lo llamas estar en paz. Es triste decirlo, pero millones de personas están agradecidas de estar un poco *depre*, porque es mucho mejor que estar sin techo o enfermas. Sin embargo, aunque no hay duda de que esconderse en un agujero sea algo seguro, nadie lo concibe como la felicidad absoluta.

La felicidad se ha convertido en un tema candente de investigación en psicología, y sospecho que te has topado con algo de eso. Una rama de la llamada «psicología positiva» se hace eco de tu creencia de que la felicidad es pasajera y efímera. Las condiciones externas contribuyen a que nos sintamos felices o tristes, de la misma forma que un «punto decisivo emocional», que para algunos está programado en el lado brillante y para otros en el oscuro. Pero al margen de lo que a una persona la ponga feliz o triste, las investigaciones indican que el factor más importante es la decisión personal. Lo que significa que tu paz es el resultado de las decisiones que has tomado en el pasado. A todos nos han condicionado para confundir las creencias arraigadas con la realidad y las costumbres persistentes con lo inevitable.

Hay otros tipos de decisiones que nos llevan a un nuevo nivel de felicidad, conocido como gozo o éxtasis. Es una felicidad permanente, profunda y forma parte del verdadero yo. Es la única felicidad que nadie puede arrebatarnos. Una vez que hayas explorado las posibilidades que se abren ante ti, podrás decidir si quieres seguir instalado en tu actual estado de paz. Si decides avanzar, el camino es el de la conciencia expandida, donde está el secreto para experimentar felicidad y paz al mismo tiempo.

Tratar de perdonar

¿Cómo puedo estar segura de si he perdonado completamente a mi exmarido por sus maltratos, su abandono y su alcoholismo? ¿Puedo hacerlo sin ponerme en contacto con él? Estuvimos juntos durante veinte años y, desde nuestro complicado divorcio hace quince, no he vuelto a hablar con él. Gracias a un intenso trabajo espiritual, he aprendido a apreciar las cosas buenas que tuvimos juntos. Siento compasión por él y su penosa infancia. ¿Es suficiente? Estoy más satisfecha y me siento más segura que nunca, pero debo trabajar más en este tema.

Ellen, 53, Virginia Beach, Virginia

Planteas una pregunta cuya respuesta podría parecer evidente. Si por ejemplo hubieras escrito: «¿Cómo sé si ya no me duele el brazo?», ¿qué pasaría? Cuando el dolor se pasa, se pasa. Pero la mente no es tan simple, por dos razones, y ambas se pueden aplicar aquí.

Primero, en la mente hay más que una capa de dolor. Estás sintiendo un dolor residual en un lugar más hondo al que aún no has llegado. Se aloja allí donde está tu identidad. Puede que en aquel lugar no quieras recordar el pasado ni aferrarte a él; no obstante, otro aspecto de ti misma dice de alguna manera «debo seguir aferrada a esto».

Es complicado acceder a esos sentimientos porque en cierto sentido te exige desenredar una madeja enmarañada, sacar algunos hilos y dejar otros. Hacen falta un autoexamen intenso y, con frecuencia, una psicoterapia prolongada, y no hay garantías de éxito. Según mi experiencia, el trauma más profundo es la cruz de cada uno. Lamento usar esta frase, pero ten en cuenta que hasta las cargas más pesadas pueden aligerarse. Tú has aligerado la tuya durante quince años y el proceso de sanación continuará gracias a tu nivel de autoconciencia.

Segundo, la mente sigue mirándose a sí misma y encontrando defectos. Es un juego conocido en el que nunca se gana. Tu carta, más que rabia residual contra tu marido, expresa dudas sobre ti misma. En tu fantasía, esperas que si le escribes conseguirás su apoyo o un perdón. Quítatelo de la cabeza; no sucederá nunca. Las dudas sobre ti misma también aparecen en tu comentario acerca de que no haber encontrado una nueva relación refleja algo en ti que ha quedado sin hacer.

Si es así, lo que ha quedado sin hacer es encontrarte y convertirte en ti misma sin un hombre. Una de las principales razones de haber permanecido casada con un alcohólico que te maltrataba era que creías desesperadamente que lo necesitabas. Esa necesidad persiste en el fondo de tu mente y esperas poder transferirla a otro hombre en tu vida. Mi mejor consejo es que no trabajes tan duro en el perdón, sino para encontrar tu verdadero yo. El perdón llegará cuando ser tú misma sea suficiente para llenarte.

¿Un alma bendita o Peter Pan?

He disfrutado de mi vida y, desde los veintidós años, siempre he sentido que tenía la suerte de gozar de una profunda conexión con Dios. Sé que soy un ser espiritual que vive una experiencia humana. Pero mi carrera ha sido errática. Cada vez que no me satisfacía o se me presentaba otra oportunidad cambiaba de trabajo. De momento estoy desempleado y al borde de la bancarrota. Pero dentro de mí, sé que todo se desarrolla perfectamente y que mis hijos y yo estaremos bien (hace quince años que estoy divorciado).

Mi pregunta es la siguiente: ¿Por qué atraigo continuamente la carencia a mi vida si lo que intento atraer es la abundancia?

Teddy, 53, Toledo, Ohio

Hay varios aspectos de tu historia que no cuadran. La conexión con Dios implica conocerse a uno mismo, pero tú pareces desconcertado de cómo has llegado a donde estás ahora. Te consideras afortunado, pero pareces bastante despreocupado llevando una vida que probablemente ha producido una buena dosis de estrés a tu familia. Intuyo que no tiene que ver con la abundancia o la carencia. Por mi experiencia, hay dos tipos de hombres que cambian sin parar de trabajo. Los primeros son personas creativas, curiosas, vivas, a los cuales les encantan los nuevos desafíos y les desagrada la rutina, y mantienen la mirada fija en el siguiente objetivo. El segundo tipo son irresponsables, inquietos e incapaces de madurar. Son los Peter Pan de este mundo, un rasgo encantador cuando uno es un niño, pero no tan bueno cuando se supone que se es adulto.

¿A cuál de los dos perteneces tú?

Cuando te hayas examinado seriamente y encuentres la respuesta, tu situación actual se aclarará. Si eres creativo y curioso, entonces probablemente tendrías que montar un negocio propio y encontrar una salida que no se convierta en un aburrimiento al cabo de seis meses o un año. Si perteneces al segundo grupo, sin embargo, las cosas seguirán siendo difíciles. Probablemente lo mejor que puedas hacer será buscar otro trabajo del que con el tiempo te marcharás. Lo triste es que a los cincuenta y tres años se te está acabando el tiempo, por no mencionar tu estrategia para no convertirte en una persona madura.

CUATRO

CREAR LAS PROPIAS SOLUCIONES

La conciencia produce soluciones por su propia naturaleza. Una vez que lo comprendemos, la vida exige menos lucha. En cada situación, si permitimos que la conciencia haga lo que quiere hacer por naturaleza, la manera más rápida y creativa de superar cualquier desafío aparecerá sola. ¿Qué quiere hacer pues la conciencia? Quiere expresarse. Es una respuesta muy general, como decir que una plantita quiere ir en busca del sol, un niño quiere crecer. En los seres vivos, la expresión está siempre presente, pero para ver qué sucede en realidad, debemos examinar los detalles. Una planta de semillero lleva a cabo en todo momento numerosos procesos a nivel celular; y en el cerebro de un niño pequeño maduran millones de conexiones neuronales.

¿Cuáles son los detalles específicos en lo tocante a conciencia? La respuesta puede dividirse según las cualidades de esta. Ya hemos visto las idas y vueltas de los problemas para los cuales la gente busca respuestas individuales. Debajo de estas dificultades personales hay aspectos más amplios del funcionamiento de la vida; y puesto que la vida es conciencia en acción, no hay nada más útil que dar un paso atrás y examinar las cualidades de la propia conciencia. Nuestro examen será un poco abstracto al principio, pero luego analizaremos cómo aplicar estas cualidades a nuestra situación aquí y ahora.

Cuando advertimos que la conciencia intenta expresarse, basta con dejar que suceda. No hace falta intervenir, planear, calcular o manipular. De hecho, la primera cualidad de la conciencia es:

Cualidad n.º 1: La conciencia funciona dentro de sí misma

Recuerdo que a un maestro espiritual le preguntaron si la toma de conciencia es algo que hacemos o algo que nos sucede. Y respondió sin pensarlo: «Parece algo que hacemos, pero en realidad es algo que nos sucede. La conciencia se desarrolla dentro de sí misma. No la manejamos nosotros; se maneja sola.» Para comprender la importancia de este punto, habría que concebir la conciencia como un océano. Los océanos son ecosistemas amplios que sustentan la vida; contienen en sí mismos todo lo necesario: agua, elementos químicos, alimento, oxígeno y una serie de seres vivos. Cada ser vivo lleva su propia existencia. Los corales no piensan en los peces ni viceversa. El equilibrio de la naturaleza se mantiene simplemente siendo ella misma, satisface sus propias necesidades, y cada forma de vida marina sustenta a todas las otras formas. El océano es autosuficiente. De la misma manera, la conciencia contiene en sí todo lo que necesita para regular nuestra vida y no deja nada fuera. Las células están dentro de su alcance, lo mismo que los pensamientos. Los sentimientos son supervisados por la conciencia, al igual que los reflejos musculares.

En esta primera característica, hay muchas cosas implicadas. Primero, no hace falta ir a ninguna otra parte para encontrar una solución. La conciencia, como todo lo abarca, contiene todas las posibilidades, lo que significa que la solución que buscamos ya existe en potencia. Podemos confiar en ella, pero esa confianza no lleva al egotismo ni al aislamiento. Las respuestas que llegan de otras personas, incluso de fuentes totalmente inesperadas, también están disponibles. La conciencia, al trabajar en sí misma, desea encontrar la respuesta al mismo tiempo que nosotros. Estamos conectados con la plenitud.

Cualidad n.º 2: La conciencia usa circuitos de retroalimentación inteligentes

Como nuestra mente es un flujo constante de pensamientos y sensaciones, resulta fácil darse cuenta de que la conciencia está siempre en movimiento. Estar vivo es ser dinámico; y no es un dinamismo al azar. Para sustentar la vida, tiene que haber un propósito. Un leopardo que persigue a una gacela no es distinto de una ameba que sufre una división celular o un niño que aprende las primeras letras del abecedario. La conciencia persigue un objetivo, pero los objetivos cambian y a menudo chocan. El leopardo también necesita dormir; la ameba necesita buscar la luz; el niño necesita jugar. Para equilibrar esa miríada de funciones que nos mantienen vivos, la conciencia habla consigo misma, observa lo que hace y cambia de curso cuando lo necesita.

El término técnico para este tipo de autovigilancia es circuito de retroalimentación. El ejemplo clásico de un circuito de este tipo es un termostato que registra cuando la temperatura es demasiado alta o demasiado baja y la ajusta en consecuencia. Pero tampoco es un ejemplo lo suficientemente ilustrativo para describir un circuito de retroalimentación vivo. Los que operan en nuestro cuerpo coordinan cientos de funciones, responden tanto a los cambios «internos» como «externos», funcionan automáticamente, pero también prestan atención a nuestros deseos e intenciones, y, en última instancia, son inteligentes. La capacidad de la conciencia de vigilar inteligentemente el cerebro, el cuerpo, la acción, la reacción, los pensamientos, sentimientos e intenciones es un milagro de un alcance tan amplio que nadie llegará a comprenderlo jamás por completo. Sin embargo, todo lo que hacemos depende de ella. Las mejores soluciones aprovechan esa retroalimentación inteligente lo máximo posible.

Cualidad n.º 3: *La conciencia busca el equilibrio*

Aunque nunca lleguemos a desentrañar el misterio de la conciencia, debemos comprender los elementos básicos, y uno de ellos es el equilibrio. La conciencia, como se supervisa a sí misma, se asegura de que ningún proceso llegue al extremo de perder estabilidad. En el cuerpo, esto se conoce como homeóstasis, y es un tipo de equilibrio peculiar. A diferencia del equilibrio mecánico de la balanza, en que dos platillos suben y bajan dependiendo de cuál sea más pesado, el cuerpo mantiene un equilibrio dinámico, lo que significa que incluso cuando todo está en movimiento la homeóstasis no desaparece.

Imaginemos a una atleta que se entrena para una carrera y que no sabe que acaba de quedarse embarazada. Mientras corre, los pulmones, el ritmo cardiaco y la tensión sanguínea mantienen el equilibrio adecuado de nutrientes y oxígeno, un equilibrio muy diferente del que necesita el cuerpo en descanso. Al mismo tiempo, intervienen automáticamente los cambios hormonales vinculados al embarazo. El cerebro controla tanto la parte voluntaria (querer ir a correr) como la involuntaria (crear un bebé). En algún momento la mujer percibirá que no se siete como de costumbre y advertirá los signos físicos del embarazo, por lo que tomará nuevas decisiones que la llevarán a un nuevo tipo de equilibrio.

La vida es mucho más dinámica que salir a correr y crear un bebé. La homeóstasis regula cientos de funciones a cada instante. Pero en este ejemplo vemos los tres dominios de la conciencia: voluntario, involuntario y de conciencia de sí mismo. En otras palabras, para estar en equilibrio hacemos lo que queremos hacer, permitimos que los procesos automáticos gestionen lo que necesiten y mantenemos una supervisión sobre ambos. Una solución realmente efectiva que contiene los tres dominios y los mantiene en equilibrio.

Cualidad n.º 4: La conciencia es infinitamente creativa

Aunque comprendamos que la vida funciona a través de circuitos de retroalimentación inteligentes, aún no hemos llegado al verdadero secreto. Estos circuitos no necesitan evolucionar. Las formas de vida primitivas, como las cianobacterias o las amebas unicelulares, eran de lo más eficientes. Habrían podido sobrevivir para siempre sin evolucionar, tal como nos demuestra el hecho de que siguieran existiendo casi sin cambios durante dos mil millones de años. Nada visible en una célula da el menor indicio de que vayan a surgir nuevas formas de vida. En efecto, en el momento del Big Bang, o del gran estallido, no había nada que implicara que aparecerían las estrellas y las galaxias. Aquel primer instante fue un remolino de materia, a altísima temperatura, en su forma más primitiva, que contenía partículas subatómicas en estado embrionario. El resultado de la colisión de la materia y la antimateria fue la aniquilación de ambas. El universo podría —de hecho, debería— haber caído nuevamente en el vacío del que había surgido, pero no fue así.

La materia superó a la antimateria en una proporción de una parte en mil millones, y ese desequilibrio infinitesimal provocó el universo visible y dio lugar a la aparición del ADN en el planeta Tierra unos 11.000 millones de años más tarde. A nivel de conciencia, parece haberse puesto en marcha una infinita sed de creatividad. No es necesario entrar a especular si el cosmos está vivo y lo ha estado siempre. El impulso creativo, reducido a la experiencia personal, es evidente en todos los ámbitos de nuestra vida. Desde el nacimiento, el cuerpo crece y se desarrolla; a través del potencial en bruto aprendemos a dominar una serie de habilidades como leer y escribir, pero también muchas otras para satisfacer los propios deseos (navegar, caminar de puntillas, tocar el violín). El cerebro se enfrenta a un flujo extraordinario de datos procedentes del mundo exterior, que alcanza el millón de bits por hora y que penetran por los cinco sentidos. Cada minuto es único y nunca se repite el flujo del instante anterior.

En medio de este aluvión de experiencias nuevas, no hay más alternativa que ser creativos. Las células no almacenan vida; se calcula que retienen solo unos pocos segundos o minutos de alimento y oxígeno, razón por la cual el cerebro puede sufrir daños irreversibles con apenas siete o diez minutos de falta de oxígeno. La adaptación a todo tipo de climas, dietas, altitud, humedad y otras variables ambientales requiere una enorme creatividad, y ni siquiera nos referimos a lo que normalmente concebimos como creativo: el trabajo que hacemos, las artes y oficios que aprendemos, las respuestas que damos a nuestros pensamientos, sentimientos y deseos. Sin embargo, hay un hilo conductor que destaca en toda esta asombrosa complejidad: la conciencia, que procura ser lo más creativa posible. Las mejores soluciones permiten que este anhelo interno se vea satisfecho sin limitaciones.

Cualidad n.º 5: La conciencia absorbe cada parte en un todo

Si miramos a nuestro alrededor, veremos una diversidad infinita en la naturaleza. Un biólogo puede tardar la vida entera en comprender qué hay en una cucharada de tierra del jardín, y aun así necesitará especialistas en insectos, microorganismos y química. Si algo contiene infinitas partes, ¿cómo es el todo? No puede ser más que la suma de las partes, porque la nada es mayor que el infinito. El universo no es más que la suma de sus átomos, moléculas, estrellas y galaxias. El cuerpo no es más que sus cinco billones de células. No obstante, la conciencia desafía esa lógica.

El infinito de la conciencia es mayor que el infinito de sus partes. Me he guardado este concepto para el final porque es el más abstracto y, al mismo tiempo, también el más importante. Examinemos los pensamientos que pasan por la cabeza. Se podría inventar una máquina parecida a un torniquete de los que se ponen en la puerta de una tienda para contar cada cliente que entra. Entre la cuna y la tumba, el recuento sería, digamos, de diez millones. Pero ¿cuántos pensamientos se pueden tener en el curso de una vida? Es un número mucho mayor que diez millones. En lugar de pensar en el color azul, en un momento dado, se puede pensar en cualquier color. En lugar de comprar una manzana Fuji esta mañana en el mercado, podríamos haber comprado cualquier fruta, o ninguna. En otras palabras, el potencial de pensar es infinito, aunque el número de pensamientos reales que pasan por nuestra cabeza sea finito.

El potencial infinito de la conciencia constituye su auténtica realidad. Lo que experimentamos no es siquiera la punta del iceberg, porque los icebergs son objetos sólidos. La conciencia contiene todos los impulsos posibles de la mente, todas las posibles configuraciones de los acontecimientos y todos los posibles resultados que podrían tener esos acontecimientos. Por comparación, los cosmólogos que teorizas sobre la eventual existencia de billones de universos en dimensiones que no podemos ver ni contactar —la llamada teoría del *multiverso*— apenas han considerado el alcance de la realidad. Hay más de un tamaño de infinito, y la conciencia los abarca todos.

Demos un paso atrás ante este panorama imponente. Como individuos, nos resulta más cómodo *no* enfrentarnos al infinito. No queremos todas las variedades de manzanas que existen en infinitas fruterías. (El gran secreto comercial de McDonald's es que esencialmente vende una sola cosa, una hamburguesa, con algunas florituras para dar la ilusión de variedad de elección, un secreto lo suficientemente poderoso para poner en marcha la cadena de comida rápida más exitosa del mundo.) Para estar cómodos, nos escondemos del infinito, pero, al hacerlo, también nos escondemos de la realidad. Existe una «ilusión de realidad» que niega la naturaleza infinita de la conciencia. Todos vivimos en nuestra propia burbuja y nos tomamos por el centro del mundo; allí es donde la ilusión de realidad se produce y se conserva, momento a momento.

Si nos sentamos en un restaurante y miramos alrededor, es fácil ver cómo cada uno construye su propia ilusión de realidad. Algunas personas son reservadas y otras extrovertidas; unas se sienten maltratadas y están a la defensiva y las otras son controladoras y expansivas. Cada uno construye límites a partir de materiales básicos como el éxito y el fracaso, la sensación de pertenencia o de marginación, de víctima o de mártir, de jefe o subordinado, líder o seguidor. Para buscar una solución que funcione, hay que desmantelar la propia ilusión de realidad con el objeto de llegar a la realidad *real*, que es la conciencia. Las cinco cualidades que acabamos de tratar son una puerta abierta a lo real, y bastan para resolver cualquier problema. Las soluciones a nivel de la realidad están siempre disponibles; los problemas surgen en el nivel de la ilusión de realidad.

DESMONTAR LA ILUSIÓN

Ahora que disponemos de los mecanismos para cualquier solución espiritual, permitamos que la conciencia interna pueda expresarse. La técnica no puede ser más sencilla: dejar de interferir en lo que la conciencia superior quiere hacer. Hace falta un cambio de perspectiva para empezar a aplicar esta estrategia, puesto que todo el mundo está acostumbrado a precipitarse en las situaciones con respuestas prefabricadas. Aquellos que dependen del control tratan de controlar la situación. Los que no soportan el enfrentamiento, se repliegan con la esperanza de que «las cosas se arreglen». A primera vista, parecería que defiendo esta última opción. ¿Se supone que uno debe mantenerse al margen y dejar que la conciencia haga lo que quiera, como quien observa crecer una semilla después de regarla?

En cierto modo sí, pero con una gran diferencia. No podemos mantenernos al margen de la conciencia; hay que dejar que se desarrolle sin resistirse, pero al mismo tiempo participando plenamente. No hay otra alternativa, pues hasta la persona más pasiva, distante o indiferente ha tomado la decisión de participar en no hacer nada. No recomiendo la pasividad, ya que hay mucho que hacer cuando procuramos una solución que venga del nivel de conciencia más profundo.

CÓMO DESPERTAR LA CONCIENCIA PROFUNDA

Examina las suposiciones y creencias ocultas.
Elimina los obstáculos que pones. Deja de resistir.
Sé objetivo.
Asume la responsabilidad de tus propios sentimientos. No culpes ni proyectes.
Busca respuestas que vengan de distintas direcciones.
Confía en que la solución está allí, esperando desarrollarse.
Conviértete en parte del descubrimiento. Usa la curiosidad. Sigue las corazonadas y la intuición.
Trata de tener capacidad de maniobra. Los cambios rápidos son parte del proceso de descubrimiento.
Acepta que todos habitan en su propia burbuja de realidad. Trata de conocer la realidad de la que proceden los demás.

Aborda cada día como si fuera un mundo nuevo, porque lo es.

Hasta que sigas estos pasos, la posibilidad de encontrar respuestas nuevas es muy limitada, puesto que refuerzas tu ilusión de realidad, cuando lo necesario es romper ese cerco. Mantener una ilusión exige mucha energía, puesto que debes estar permanentemente en guardia para defender tus límites, censurar los mensajes que entran en tu conciencia y no te gustan, y favorecer aquellos que se ajustan a tu concepto de lo que es aceptable. En resumen, la ilusión de realidad es una construcción que sirve para crear problemas, no soluciones.

Si esta lista parece demasiado difícil, mencionaré una técnica sencilla que a mí me da resultado. En una situación determinada, no actúo hasta tener claras las cosas arraigadas e inconscientes que quiero hacer por impulso. Puedes elegir de un menú muy básico de opciones:

Reacciono a las situaciones negativas con
    enfado
    ansiedad
Cuando llega el momento de actuar, suelo ser
    líder
    seguidor
Si alguien hace algo que no me gusta, suelo
    enfrentarme
    retirarme
Ante un desafío importante, prefiero
    formar parte de un grupo
    ir solo
Si tomo distancia para verme a mí mismo en conjunto, mi estilo es

dependiente: dejo que los demás tomen las grandes decisiones. No suelo decir lo que me parece o lo que de verdad quiero hacer.

controlador: soy exigente en los detalles. Tengo principios y quiero que los demás vivan de acuerdo con ellos. Muchas veces me llaman perfeccionista. Me resulta fácil decir a los otros lo que tienen que hacer. Encuentro excusas para mis malas decisiones, pero guardo rencor a los demás.

competitivo: siempre tengo presente quién gana y quién pierde. Hago lo que haga falta para ser el primero. Me veo a mí mismo como un líder y a los otros como seguidores. Me gusta rendir y a menudo me parece que debo hacerlo. Me resulta fácil pasar por encima de la gente, pero también ansío la aprobación de los demás.

En cualquier situación, tengo siempre presente cómo reaccionaría por reflejo y me tomo un momento para dejar de hacer lo que me sale automáticamente. Al dar un paso atrás, procuro algo diferente, que surja una respuesta flexible, tanto dentro como fuera de mí. No es lo mismo que sentirse inepto, sino que permito que la conciencia expandida tenga una oportunidad. Si no se la doy, solo dispondré de la misma respuesta de siempre: ira o ansiedad, dirigir u obedecer, ganar o perder. La vida se renueva constantemente; no se puede reaccionar a ella con respuestas condicionadas. Si la vida se renueva, también debemos renovar nuestras reacciones.

LOS SIETE NIVELES DE ILUSIÓN

Al romper la propia ilusión de realidad —aquella que es única para ti— se logran dos cosas: primero, salir de la conciencia contraída y pasar a la expandida; segundo, fundirse con los circuitos de retroalimentación inteligentes que están a cargo de cada aspecto de la vida. El proceso, naturalmente, tiene que ser más específico, por lo que voy a esbozar los siete niveles de problemas que surgen de la conciencia contraída y las soluciones que nos acercan un paso más a la realidad.

Nivel 1: *Problemas creados por el miedo, la ira y otros impulsos negativos*

La respuesta básica es defensiva. La ira y el miedo son primarios, pero poco evolucionados. Casi toda la energía se dedica a la supervivencia. En este nivel uno quiere arremeter y culpar a los demás. Nos sentimos frustrados por lo que sucede. Todo parece fuera de control y cuanto más nos presionan los demás —incluso nos maltratan directamente— más nos contraemos con ansiedad y miedo.

Uno se atasca en este nivel cuando se siente indefenso, maltratado, ansioso, paralizado, perdido o necesitado de orientación por parte de aquellos que son más fuertes. La debilidad domina nuestra respuesta.

La solución: Percibe la respuesta negativa, pero no confíes en ella. Ve más allá del miedo y la ira. Pide orientación a personas que no reaccionan a un nivel tan primario. No tomes decisiones hasta volver a sentirte equilibrado y despejado. La prisa es el enemigo. El control del impulso es el aliado.

Nivel 2: *Problemas creados por el propio ego*

La respuesta básica es egocéntrica. Aparecen pensamientos del tipo de «esto no debería pasarme a mí, no me lo merezco» o «nadie hace lo que yo quiero». En este nivel, no estamos asustados, sino bloqueados para conseguir lo que queremos, por lo general porque el ego de otro se opone al de uno. Nuestra pareja no está de acuerdo con la manera en que hacemos las cosas; el jefe tiene ideas diferentes sobre cómo hacer el trabajo; vemos el objetivo, pero no podemos alcanzarlo a pesar de nuestros anhelos por ganar y llegar.

Estamos en este nivel cuando nos sentimos exageradamente competitivos, contrariados, bloqueados por oponentes, fracasados o perdedores. El pensamiento está dominado por «¿y yo qué?».

La solución: Empieza a compartir y, sobre todo, a entregarte. Deja que los demás sean también el centro de atención. No te atribuyas todo el mérito; asume la responsabilidad de los reveses. Deja de centrarte en las recompensas externas como el dinero y el prestigio. Haz que los demás se sientan iguales a ti. Tu enemigo es percibir cada situación como un triunfo o una derrota. Tu aliado es la realización interna.

Nivel 3: *Problemas creados por el conformismo*

La respuesta básica es seguir la corriente para llevarse bien. Queremos sentirnos incluidos y no llamar la atención, pero la presión de los semejantes nos obliga a conceder demasiado. Sentimos que estamos sacrificando ciertos valores esenciales, como el respeto por uno mismo, la honestidad y la independencia. Tenemos pensamientos como «este no soy yo» o «no estoy de acuerdo con lo que dicen los demás». Nos metemos en líos por hacer promesas que no podemos cumplir aparentando ser más competentes de lo que en realidad somos, o incluso fingiendo directamente con tal de amoldarnos.

Estamos estancados en este nivel cuando nos sentimos anónimos, desleales con nosotros mismos, pasivos, intimidados, coaccionados, perdidos en la confusión o vacíos. Un conformismo monótono domina el pensamiento y, probablemente, una necesidad de rebelarse no tan secreta.

La solución: Recupera el poder que has cedido. Di lo que piensas de verdad cuando haga falta. Traza una línea cuando se violan tus valores básicos. Mantente al margen de camarillas y facciones. Aléjate de los chismorreos. Aprende a cuestionar tu sabiduría convencional y el pensamiento de grupo. Pon en primer lugar el respeto por ti mismo. Alinearse es tu enemigo; convertirte en un individuo, tu aliado.

Nivel 4: *Problemas creados por no ser comprendido ni apreciado*

La respuesta básica es aislarse. Como sentimos que los demás no nos comprenden, nos replegamos, nos volvemos solitarios y la gente que nos rodea no nos apoya. Nos resulta difícil amar y ser amados. Las relaciones personales se desgastan; hay poca capacidad de establecer vínculos. Nos preguntamos si de verdad le importamos a alguien.

Estamos estancados en este nivel cuando nos sentimos solos, abandonados, no queridos ni apreciados, cerrados, a la deriva. El pensamiento dominante es «aquí no hay nadie para mí».

La solución: Busca la compañía de personas maduras que sean capaces de sentir empatía. Examina la forma en que te has aislado a través del silencio, el alejamiento y la pasividad. Demuestra que aprecias tus sentimientos expresándolos de verdad. Muestra la misma comprensión que quieres recibir. Llevar una máscara es tu enemigo, aunque sea una máscara simpática. Dejar a la vista el mundo interior es tu aliado.

Nivel 5: *Problemas creados por ser único*

La respuesta básica es la autoexpresión sin límites. Queremos ser lo máximo en todo, y este impulso nos lleva al arte, el descubrimiento, la invención y otras vías creativas. Aquello que los demás llaman narcisismo, nosotros lo llamamos inspiración. Nos sentimos frustrados a menos que la vida nos aporte algo nuevo todos los días; ansiamos que nos reconozcan. Esta actitud, que debería ser liberadora, provoca problemas para satisfacer las necesidades de otros. La autoridad nos produce resentimiento y ganas de liberarnos. Las reglas rígidas fueron creadas para los demás, no para nosotros.

Estamos en este nivel cuando sentimos que reprimen nuestra creatividad, que la estupidez o conformismo de los demás nos bloquean, que respondemos solo a nuestra musa o que tenemos derecho a ser nosotros mismos a cualquier precio. El pensamiento está dominado por el «tengo que ser yo mismo» y uno se siente justificado por su propia singularidad.

La solución: Establece vínculos con otras personas creativas. Permite que estas relaciones sean un cable a tierra para estar más en la realidad. Conserva tu fantasía, pero no te pierdas en ella. Comparte tus talentos por medio de la enseñanza u ofreciendo tu tiempo. Orienta a los demás. Busca inspiración, y también humildad, en inteligencias superiores. La vanidad es tu enemigo; la renovación constante de la imaginación, tu aliado.

Nivel 6: Problemas creados por ser un visionario

La respuesta básica es el idealismo. Poseemos un sólido sentido de la moral. Pensamos poco en nosotros y queremos mejorar la condición humana. Pero esta noble visión, por muy inspiradora que resulte a algunos, provoca resistencia en otros. Perciben que queremos hacerlos sentir en falta, aunque esté lejos de nuestras intenciones. Deseamos una existencia mejor para todo el mundo, sin injusticia y con igualdad espiritual como norma. Estamos más allá de las definiciones rígidas de lo correcto e incorrecto, pero descubrimos que mucha gente se adhiere a esas definiciones y no está abierta a que se las pongan en tela de juicio.

Estamos estancados en este nivel (un nivel muy elevado), cuando nos sentimos agobiados por los pesares de la vida, desengañados por la humanidad, desbordados por los problemas que vemos a nuestro alrededor y desconcertados por la falta de visión con la que nos topamos a diario. El «estoy aquí para iluminar» domina nuestro pensamiento.

La solución: Ejerce la tolerancia. Usa los valores morales no para juzgar a los demás, sino para elevarlos. No trates de imitar modelos imposibles, a grandes sabios ni a santos del pasado. Tómate tu tiempo también para diversiones sencillas, como reír o disfrutar de la belleza de la naturaleza. Tu enemigo es que te quieran por tu perfección. Tu aliado es que te quieran como persona, por muy falible que esta sea.

Nivel 7: El estado de no tener problemas

La respuesta básica es la receptividad, la aceptación y la paz. Ya no nos perturba el yo dividido. La realidad no se presenta como el bien contra el mal, la luz contra la oscuridad, o el «yo» contra el «otro». Expresamos la plenitud de la vida, que es como un río que fluye libre. Dejamos que fluya en lugar de agarrarnos a las orillas. La vida se desarrolla como corresponde, como si cada acontecimiento, por muy pequeño que sea, tuviera un lugar en el plan divino.

Hemos llegado al estado de no tener problemas cuando nos sentimos espontáneamente creativos, completamente en casa en el cosmos, eternamente en paz y unidos a toda la creación. El pensamiento está dominado por el «yo soy todo», aunque no hay razón para pensar algo así, ya que la unidad se ha convertido en la manera natural de ser.

ENCONTRAR EL AUTÉNTICO YO

Cualquier buen psicólogo, incluso un aficionado que haya estudiado la naturaleza humana, coincidiría con la lista que acabo de dar. Creo que también estarían de acuerdo en que la mayoría de los problemas tienen lugar en los niveles inferiores, donde dominan los impulsos negativos y el ego. Gran parte de la humanidad lucha por sobrevivir y, cuando la vida se vuelve más fácil, se abre la puerta a la idea del ego de que «todo tiene que ver conmigo», lo que dificulta que se vea de qué forma la espiritualidad hace mella en uno y, más aún, que sea la luz que oriente la propia vida. La manera en que funciona la espiritualidad, sin embargo, no es de abajo arriba. La lucha por la supervivencia tiene que ver con las limitaciones, un estado en el que el verdadero yo, o el alma, está más tapado y lejos de la vista.

El mundo precisa a los grandes maestros espirituales para que nos alejen de la superficialidad de la vida. Necesitamos que nos enseñen a no creer en la máscara que lleva la realidad. Básicamente, todo el mundo cree en su ilusión de realidad. No obstante y a pesar de este hecho, el dolor y el esfuerzo no alteran la realidad *real*. Lo sepamos o no, todos estamos en el mundo, no somos de este. En términos prácticos, la espiritualidad funciona de arriba abajo. El yo verdadero es el origen. No pueden separarnos de este y, por lo tanto, se puede elegir. O avanzamos hacia el verdadero yo, el nivel del alma, o nos alejamos de él. Una es la dirección de la evolución; la otra, como mucho, es estática, y por lo general destructiva.

Para seguir evolucionando es necesario conocer las señales de la evolución, ya que indican que estamos acercándonos al verdadero yo. Evolucionar es un proceso, con sus altibajos. Hay días en que uno lo pierde de vista, y otros en los que deja de creer que está siquiera evolucionando. Nadie es inmune a la tortuosidad del camino espiritual, pero los grandes maestros ven y viven el verdadero yo. Gracias a ellos recibimos la imagen de lo que es la conciencia pura: la base del verdadero yo. Si lo tenemos presente, resulta mucho más fácil medir nuestra propia evolución. He aquí las enseñanzas más importantes sobre el verdadero yo, que luego describiré con detalle. Todas ellas tienen consecuencias prácticas. Al trabajar de arriba abajo, el yo verdadero trata de acercarse un poco más cada día.

CUANDO ERES EL VERDADERO YO

1. Tu vida tiene un único propósito.
2. Ese propósito se desarrolla continuamente y se hace más rico y profundo.
3. Alinearte con tu propósito ya es suficiente.
4. A medida que se desarrolla tu vida, la conciencia se expande sin límites.
5. Con la conciencia expandida, los deseos pueden satisfacerse por completo.

6. Los retos se resuelven subiendo a un nivel más alto que el reto en sí.
7. Tu vida es parte de un único destino humano: llegar a la unidad de conciencia.

Como puede verse, aquí no se formula nada en términos religiosos. Cada punto puede rescribirse usando palabras como «Dios», «alma» o «espíritu», pero no hace falta. En lugar de decir «mi vida tiene un único propósito», podría decirse «Dios ha dado un único propósito a mi vida», y, aunque cambien las palabras, la realidad es la misma. Voy a ampliar cada aspecto del verdadero yo para llevarlo al plano personal de la vida en el aquí y ahora.

1. *Tu vida tiene un único propósito*

Todo el mundo tiene un propósito en la vida. La mente humana está orientada hacia la meta y cada día aporta nuevos deseos de alcanzarla. Con una familia que atender, relaciones que nutrir, cosas que adquirir y una carrera de la que ocuparse, el propósito a corto plazo aparece casi automáticamente (y cuando alguien pierde de vista el propósito, nos preocupa que esté muy deprimido). No hay necesidad de introducir la espiritualidad hasta que la pregunta cambia de «¿tiene un propósito tu vida?» a «¿tiene un propósito la vida?». Esta última es mucho más incierta y abre una brecha que es necesario cerrar. La sabiduría tradicional siempre concibe que la vida tenga un propósito, que puede expresarse de diversas maneras. *El propósito de la vida es*

descubrir quién eres en realidad
crecer y evolucionar
llegar a estados más elevados de conciencia
experimentar lo divino
llegar a la iluminación

Si nos sentimos realizados en algunos de estos niveles, estamos alcanzando nuestra visión y no solo satisfaciendo las exigencias de la vida cotidiana. Una visión mayor cierra la brecha entre uno mismo y el universo. Si la vida en sí tiene un propósito, nuestra existencia encaja en el orden cósmico. La amenaza de que la existencia no tenga sentido, que llevaría a la ansiedad y la desesperación, o a una dolorosa sensación de soledad, desaparece cuando uno está seguro de su sitio en la creación.

2. *Ese propósito se desarrolla continuamente y se hace más rico y profundo*

Este principio tiene que ver con conectar el presente y el futuro. El propósito de la vida no puede postergarse; a menos que el futuro se desarrolle a diario, no será nunca más que una repetición de viejos patrones de conducta. Los psicólogos observan que la razón de que los ancianos estén satisfechos al mirar atrás, por una vida bien vivida, es haber superado muchos retos a lo largo de los años. A aquellos que encuentran la vejez vacía y amarga, les ha sucedido lo contrario: las relaciones no les han funcionado, la profesión se les ha quedado corta, la familia se ha desmembrado. En otras palabras, cada día tiene consecuencias a largo plazo.

Saber que formamos parte de un orden cósmico mayor sirve de gran ayuda y era algo que en otros tiempos se daba por hecho. En las épocas regidas por la fe, la gente vivía para gloria de Dios o para alcanzar la salvación. Cada día que pasa nos acerca un paso más a nuestra meta. La necesidad de tener una visión no ha desaparecido, pero ya no se da por sentada, salvo en gente que mantiene una profunda fe religiosa.

Cuando el propósito en la vida no es un hecho, ¿qué es? Un proceso. Descubrimos la meta de la existencia viviéndola. El presente es el único momento en que podemos evolucionar, experimentar lo divino, expandir la conciencia o alcanzar la iluminación. Pero no puede ser un viaje azaroso y titubeante en el que nos vayamos por las ramas, y en situaciones de crisis es fácil que esto suceda. Las pérdidas repentinas o los reveses sacuden a todo el mundo, pero aquellos que continúan avanzando se ven fortalecidos porque saben que es un viaje que no puede destruirse, sino solo interrumpirse.

3. Alinearte con tu propósito ya es suficiente

Este principio tiene que ver con el esfuerzo y la lucha. Dicen que para la espiritualidad, ninguno de los dos son necesarios. El propósito cósmico se desarrolla automáticamente, no porque haya un designio fijo, sino porque la creatividad y la inteligencia forman parte de la creación. La naturaleza no está fuera de nosotros; se mueve dentro, alrededor y a través de nosotros. Si nos alineamos con ese movimiento de la creación, fluimos y nos sentimos en paz. Si nos oponemos a él, nos topamos con obstáculos y resistencia.

En muchos aspectos, este es el «punto crucial» en la

vida de todos. Si abordamos la espiritualidad como un ideal que sería bonito alcanzar, tu auténtica lealtad está en otra parte. Para las personas dominadas por la ambición, no hay nada más real que tomar la delantera. Para las personas dominadas por la ansiedad, no hay nada más real que las amenazas que tratan de mantener a raya. La vida, en este preciso instante, expresa dónde está nuestra lealtad. Podríamos ser fieles a la familia, al prestigio, al dinero, a las posesiones, a la profesión... a cualquier cosa. Nada de todo esto es malo, de hecho no son cosas reñidas con la espiritualidad. El problema es que dichas fidelidades son superficiales, se manifiestan en la superficie de la vida sin el apoyo del espíritu, Dios, el universo... o cómo más cómodo nos resulte llamarlo.

Esto significa que la espiritualidad se convierte en algo práctico cuando uno cambia el enfoque de su lealtad a algo más profundo. La gente no necesita más fe, sino más pruebas, todos los días, de que depender de un propósito de la vida más profundo en realidad funciona. Es aquí donde entra el proceso. Avanzamos a partir de un comienzo frágil, en que esperamos y deseamos que Dios o el universo nos apoyen. Luego llegamos a la mitad del camino, donde creemos firmemente que nos apoyan. Y, por último, llegamos al lugar donde sabemos que nos apoyan. Pasamos de esperar a creer y luego a saber. Es el desarrollo natural de cada vida, y no se trata de un viaje que lleve años y años. Cada día puede brindarnos la satisfacción de esperanzas y deseos, y aportarnos la transformación de estos en la certidumbre de que nos cuidan, nos comprenden y nos nutren.

4. *A medida que se desarrolla tu vida, la conciencia se expande sin límites*

Este principio nos dice que el apoyo provendrá de la propia conciencia. Para que continúe el proceso de desarrollo, este debe crecer por dentro. Por fuera, la vida plantea nuevos desafíos; aquello que los hace nuevos es que las viejas respuestas no funcionan para resolverlos. Los enigmas de hoy necesitan respuestas de hoy. Este vaivén permite que la vida se eleve continuamente, porque a un nivel más profundo invitamos a que los desafíos sean cada vez más difíciles. Con los grandes misterios llegan las grandes revelaciones.

En tiempos de una profunda fe, Dios demostraba su agrado o desagrado de muchas maneras. Cada creyente vigilaba si la deidad lo favorecía o no. La enfermedad, la pobreza y la desgracia eran señales de que Dios le había vuelto la espalda. La riqueza, la felicidad y los días brillantes indicaban que la luz de Dios caía sobre él. Pero como la existencia de nadie era enteramente de un signo u otro, la deidad parecía voluble y escurridiza. Había todo tipo de teorías para explicar por qué la vida era una mezcla de placer y dolor, pero faltaba una cosa: la firme garantía de que los seres humanos contaban con los favores del universo.

La espiritualidad es más amplia que cualquier religión. Mientras un credo forcejea con el pecado y otro con el karma, la sabiduría amplia no considera a Dios como un poder externo, sino mira hacia el interior, a la conciencia. El hecho de que la vida disponga de respuestas incorporadas, nos da la clave de por qué Jesús hacía hincapié en vivir el presente: «Por tanto, no os preocupéis por el día de mañana; porque el día de mañana cuidará de sí mismo. Bástele a cada día sus propios problemas» [Mateo 6:34]. Y para que sus oyentes no se estancaran en la palabra «problema», hay otra enseñanza de Jesús sobre cómo superarlos: «Mirad las aves del cielo, que no siembran, ni siegan, ni recogen en graneros; y, sin embargo, vuestro Padre celestial las alimenta. ¿No valéis vosotros mucho más que ellas?» [Mateo 6:26]. El budismo da la misma enseñanza más metafísicamente: cada pregunta se responde a sí misma. De modo que si buscamos dentro, la misma existencia de un problema significa que hay solución.

5. Con la conciencia expandida, los deseos pueden satisfacerse por completo

Este principio nos dice que la espiritualidad produce más satisfacción, no menos. El camino se desarrolla a través de la expansión de la vida, que tiene lugar una vez que la conciencia se expande. Ambas van de la mano. Vemos más posibilidades, tenemos menos miedo. Cuando actuamos, nuestras obras dan resultado, y el éxito engendra éxito. Todo esto puede sonar bastante ajeno a la creencia religiosa tradicional, en que la renunciación y las tentaciones de la carne son mucho más familiares. El conflicto entre vida terrenal y espiritual fue un hecho durante siglos.

Todo depende de cómo veamos los deseos. Si los consideramos algo egoísta, equivocado o pecaminoso, es natural que Dios los desapruebe. Lo que ocurre no es un castigo asestado por la mano de Dios, sino que nosotros mismos cortamos los canales que llevan a la realización. Los deseos censurados provocan conflicto interno: uno quiere y al mismo tiempo no quiere que se hagan realidad. Cuando la gente dice: «Tengo que refrenar el impulso», se refiere a este conflicto. La noción de que Dios, el alma o el universo apoyan este conflicto interno es un error garrafal. El conflicto surge de sí mismo. Mientras libremos una batalla con los propios deseos, cada día tendremos la esperanza de ganarla, pero nos veremos resignados a perderla.

Si la espiritualidad, sin embargo, tiene que ver con satisfacer los deseos, se abren nuevos canales. Existe un vínculo claro entre desear y recibir. Me hago cargo de que mucha gente instantáneamente pondrá objeciones: «Pero ¿qué pasa con los deseos malos? ¿Estás diciendo que no existen?» Todos sabemos que algunos deseos, al margen de cómo los califiquemos, resultan beneficiosos o, por el contrario, causan problemas y nos hacen fracasar. Cuando se siguen principios espirituales, la apreciación moral no se escapa por la ventana. Desarrollamos un sentido más agudo de lo que está y no está bien. El bien puede definirse como aquello que resulta acorde con nuestro propósito espiritual, de modo que nuestros actos mejoren la vida. Los deseos están entrelazados en la evolución. Cuando eso ocurre —y, a medida que se desarrolla el proceso, cada vez ocurre con más frecuencia—, entonces el deseo se convierte en el camino. Esto tiene sentido porque no se puede evolucionar si uno no quiere, y querer algo es lo mismo que desearlo. El camino más exitoso en la vida es el guiado por el deseo.

6. Los retos se resuelven subiendo a un nivel más alto que el reto en sí

Este principio nos recuerda lo más importante de este libro: que el nivel del problema nunca es el nivel de la solución. Cuando dos partes están en pugna, recurren a un juez porque la imparcialidad y el desapego están a un nivel más alto de conciencia que la beligerancia y la negativa a cambiar de opinión. Cuando una mujer tiene problemas con su imagen física, decirle «estás bien» o «no es tan importante el aspecto que tengas» no la ayuda. La solución, para ella, es encontrar mejores maneras de sentirse valiosa. Cuando nos valoramos por la capacidad de amar, de empatizar y de ser compasivos es mucho más fácil no obsesionarse por lo que vemos en el espejo.

La espiritualidad es el nivel más alto de todos: el nivel de la trascendencia. Cuando trascendemos, nos desprendemos de los apegos personales. Ya no estamos atascados en viejas costumbres y condicionamientos, sino que pedimos una conciencia más elevada para entrar en la situación y encontrar una solución. Trascender es más que solo soltar las riendas. En términos prácticos, entran en juego otros pasos: tomamos distancia del problema y reconocemos que hay más de una forma de examinarlo; renunciamos a afirmar que ya sabemos la verdad; somos receptivos a nuevas posibilidades; nos despojamos de la resistencia interior a encontrar una respuesta, una resistencia que podría manifestarse en forma de ira, resentimiento, envidia, terquedad e inseguridad. Por último, aceptamos la posibilidad de que la respuesta se presente de distintas maneras, lo que significa que estamos alerta a cambios inesperados, tales como que el peor enemigo de repente esté de acuerdo con nosotros o un rencor de hace mucho tiempo desaparezca.

No es la fe ciega lo que hace viable la trascendencia. Permitimos que una cosmovisión se desarrolle a través de nosotros. Pero si los principios anteriores no nos parecen válidos, el yo superior no se deslizará en una alfombra mágica para resolver nuestros problemas. Si en cambio nos hemos dedicado al proceso de crecimiento personal y expansión de la conciencia, entonces emergerán los poderes que antes estaban ocultos o bloqueados. Una famosa cita del gran escritor alemán Goethe proclama: «Sé osado, y fuerzas poderosas acudirán en tu ayuda.» La osadía es la capacidad de traspasar los límites creados por el miedo y la inseguridad. En otras palabras, uno trasciende sus propias limitaciones. No se exigen pruebas de valentía. Como veremos, resolver problemas subiendo a un nivel más alto que el problema en sí es una de las formas más prácticas y naturales de superar con éxito las situaciones difíciles.

7. *Tu vida es parte de un único destino humano: llegar a la unidad de conciencia*

Este principio nos habla de la armonía subyacente que hay en la vida. En la superficie predominan las diferencias. Cada uno de nosotros está orgulloso de ser único y distinto. Sin embargo, la causa de la discordancia proviene del mismo factor: si «ellos» son diferentes de «nosotros», tenemos automáticamente un motivo para sentirnos distanciados de «ellos», o incluso para ser hostiles. Las luchas y violentos conflictos aparentemente interminables están arraigados en las diferencias que desembocan en el odio irreconciliable. Pero a un nivel más profundo, la espiritualidad implica que el antagonismo de los opuestos —no solo «nosotros» contra «ellos», sino también el bien contra el mal, la luz contra la oscuridad, mi Dios contra tu Dios— puede superarse.

El principal objetivo de la espiritualidad es descubrir la armonía que hay en lo más profundo de las diferencias. No se trata de un proyecto pasivo alimentado por la curiosidad. La unidad es el estado más puro de conciencia. Como afirmaba el eminente físico Erwin Schrödinger: «Conciencia es un singular que no tiene plural.» Hay solo una conciencia que tú y yo expresamos de maneras únicas. El origen está dentro de cada uno, y el objetivo de toda vida, por muy distinto que parezca en la superficie del de los demás, es llegar a ese origen. A esas alturas, ya no hay divisiones entre dentro y fuera, pues se ha alcanzado el estado de unidad.

Me doy cuenta de que esta afirmación quizá suene increíblemente altisonante. Cuando uno está preocupado por el pago de la hipoteca, con quién está saliendo su hija adolescente o la amenaza del extremismo en el mundo, la validez de la unidad de la conciencia parece nula. No obstante, es de lo más pertinente, ya que todas las soluciones espirituales proceden del nivel de unidad. Las cosas que calificamos de inspiradoras, perspicaces, creativas, intuitivas o reveladoras son mensajes que provienen de esa fuente. En otras épocas, el vocabulario religioso tenía prácticamente el monopolio de cómo concebir la unidad de conciencia: sin Dios, el alma o la gracia divina no había modo posible de hacerlo.

Este libro, en cambio, trata de las soluciones prácticas precisamente por esta razón. Lograr que el verdadero yo sea válido en nuestra vida, aquí y ahora, es la única manera de que este cobre vida. Fuera del contexto de la religión, cada experiencia tiene lugar en la conciencia. Si hay una realidad más allá de la mente humana, nunca lo sabremos, porque nada es real hasta que entra en nuestra conciencia. Si existe lo divino pero no tiene contacto con los seres humanos, entonces no hay ninguna base para la adoración y la fe. Aunque ya no vivamos en una era de fe, se puede experimentar lo divino. Encontrarse con Dios no es lo mismo que con otra persona, por muy elevada y respetada que esta sea. Experimentar lo divino es experimentar el amplio territorio de la conciencia superior, que es infinito y al que se puede acceder plenamente. No pido un acto de fe; no hay necesidad de hacer un viaje místico a ninguna parte. Lo único que hace falta es abrirse a una visión del mundo que empieza en el verdadero yo como respuesta a los retos que plantea la vida. Como todo el mundo se enfrenta a esos desafíos, existen grandes motivaciones para ver si se pueden encontrar soluciones mejores.

Si alguien pregunta ante una situación particular: «¿Qué es una solución espiritual?», la mejor respuesta es: «Búscala y lo sabrás.» Cuando los problemas más graves dan con las respuestas correctas, se produce un encuentro profundo del yo con el yo. Este libro ha sido escrito para hacer posible dicho encuentro.

||||||||||||||||||||||||||||||||||||||||||||||||||||||||||||||||||||||||||||||||||||||||||||||||||

LA ESENCIA

La conciencia está diseñada para llevarnos a las soluciones. Lo único que hace falta es dejar que se desarrolle de forma natural y espontánea. No es un proceso pasivo; hay que participar para desbloquear el flujo de la propia conciencia.

El principal bloqueo es la «ilusión de realidad» que nos atrapa en sus limitaciones. Todos creemos en nuestra ilusión de realidad. Nos sentimos incómodos con el infinito y sus posibilidades ilimitadas. Cuando nos desprendemos de la ilusión de realidad, automáticamente expandimos la conciencia y la vida deja de ser sobre todo una lucha.

El gran secreto que la ilusión nos oculta es que siempre estamos conectados con el verdadero yo, que existe en el nivel del alma. El verdadero yo impulsa la evolución personal, envía mensajes a través de la intuición, la percepción y la imaginación. Organiza el mejor resultado posible de cualquier situación. Cuanto más cerca estemos del verdadero yo, más podremos depender completamente de la conciencia.

Agradecimientos

Antes de comenzar a escribir mis propios libros, solía ir directamente a la página de agradecimientos de cualquier obra que llegaba a mis manos. Tenía curiosidad por conocer la red de contactos que teje de forma invisible la creación de un libro. Ahora, después de escribir durante años, comprendo todo lo que significan en realidad esos contactos. Así pues, mi agradecimiento en primer lugar al equipo editorial y publicitario que ha hecho que esta obra pasara de embrión a realidad. Julia Pastore, Tina Constable y Tara Gilbride encabezan dignamente la lista. También doy las gracias a Maya Mavjee y Kira Walton.

En el día a día, nada habría sido posible sin el apoyo y la afectuosa fidelidad de Carolyn, Felicia y Tori. Siempre detrás, pero en primera línea de mi corazón, está mi familia. Gracias a todos.

Sobre el autor

Deepak Chopra es autor de más de sesenta libros traducidos a más de ochenta y cinco idiomas, incluidos muchos superventas, tanto de ficción como de ensayo, según la lista del *New York Times*.

www.DeepakChopra.com